サロネーゼ 若林三弥子の毎日の食卓

Contents

はじめまして……… 4

part_1
蒸しいためをマスター……… 9

1. 小松菜とねぎとサーモンの蒸しいためクリーム煮……… 10
2. レタスと豚ロースの蒸しいため　ナンプラー風味……… 12
3. ズッキーニとえびの蒸しいため　タイムの香りヨーグルト風味……… 14
4. にんじんと帆立の蒸しいためサラダ……… 16
5. なすとかぼちゃの蒸しいため　ミルフィーユ仕立て……… 18
6. キャベツとじゃがいもの蒸しいため　ゴルゴンゾーラとしらすのソース……… 20
7. にんじんとトマトの濃厚スープ　パングラタン仕立て……… 22
8. 蒸しいためきのこと枝豆のあっさり炒り豆腐……… 24
9. 塩麹マリネ野菜の蒸しいため鍋……… 26
10. 蒸しいためれんこんと豚こまのきんぴら……… 28

蒸しいためテクニックで　小さなおかず4……… 30
　オクラと長芋の蒸しいため納豆梅和え
　そら豆の蒸しいため
　セロリの蒸しいため　クリームチーズちりめん山椒
　パプリカの蒸しいため　かつお節和え

「蒸しいため」のおさらい……… 32

part_2
うちの定番……… 33

1. ビーフストロガノフ　バターライス添え……… 34
2. 鶏もも肉のマリネソテー……… 36
3. お金持ちのハンバーグ……… 38
4. 鮭とねぎの蒸しいため……… 40
5. 豚のしょうが焼き　りんご風味……… 42
6. 根菜たっぷりとん汁……… 44
7. 鶏ささみうどん……… 46
8. 明太子パスタ……… 48
9. ローストしないビーフ……… 50

定番おかずに合う　小さなおかず4……… 52
　うなぎのワイン風味アボカドカップ
　カラフルミニトマトのスイートマリネ
　コーンビーフサワ子和え
　バジルマヨネーズ和えショートパスタ

定番おかずの補習……… 54

part_3
ある日のどんぶり……… 55

1. コーンコーンどんぶり……… 56
2. たらたま豆腐どんぶり……… 58
3. みょうがとじゃこのバター風味どんぶり……… 60
4. レタスと豚キムチ＆韓国のりどんぶり……… 61
5. 和ぼなーたどんぶり……… 62
6. トマト牛肉どんぶり……… 63

どんぶりに添えたい小さなおかず4……… 64
　オイルサーディンとサクサク玉ねぎ
　おろしきゅうりとたこのあっさり和え
　大根の蒸しいため　にんにくラー油和え
　もやしの蒸しいため　塩昆布和え

どんぶりの補習・汁物は欠かせない……… 66

part_4
小さな器でワンプレート ……… 67

- **1** 豚肉のエリンギロールでワンプレート ……… 68
  - 豚肉のエリンギロール
  - スモークサーモンのリエット
  - じゃがいものバジルマヨネーズ和え
- **2** ぶりの照り焼きでワンプレート ……… 70
  - ぶりの絶品照り焼き
  - 小松菜のガーリックちりめんじゃこ
  - いんげんとじゃがいものみそマヨネーズ
- **3** 鶏のうま煮でワンプレート ……… 72
  - 鶏のうま煮水菜少し添え
  - えびの湯葉巻き
  - れんこんの実山椒煮
- **4** ローストポークのバルサミコ煮でワンプレート ……… 73
  - くるみゴラ子の生ハム巻き
  - ローストポークのバルサミコ煮
  - 溺れだこの煮込み
- **5** ローストしないビーフでワンプレート ……… 74
  - ツナのブランダード
  - ローストしないビーフのアスパラ巻き
  - サーモンとなすのタルタル
- **6** れんこんご飯でワンプレート ……… 75
  - まるで揚げなす焼きびたし
  - れんこんご飯
  - にんじんとアボカドの白和え

Special interview
ようこそ 渡部陽一さん ……… 76

my favourite 1 蒸しいためとシャスールの鍋 ……… 80
my favourite 2 ボダムのグリーンとガラス ……… 84
my favourite 3 スイスダイヤモンドのフライパン ……… 86
my favourite 4 毎日の調味料 ……… 88
my favourite 5 中沢三姉妹でブランチ ……… 90
my favourite 6 レヴォルのカップとミニチュア皿 ……… 92

北鎌倉のサロンから ……… 95

お待ちかねのデザート ……… 104

はじめまして

淡い色調、白い器とガラスでコーディネートした3年前の夏のクラス

サロンを始めた頃は、テーブルを囲むのは6人。クロスもまだ1枚かけるだけの、シンプルなものでした

こんにちは、若林三弥子です。
23歳で結婚し、夫の赴任に伴って、3カ国、計8年間を海外で暮らしました。
一男一女の子育てが一段落した7年前に、
北鎌倉の自宅でboa mesa（ボアメーザ）という料理教室を始めました。
boa mesaは4年暮らしたブラジルの言葉で「素敵な食卓」という意味。
笑顔で囲むテーブルのことや、「ごはんによんでくれてありがとう！」という
感謝の気持ちも表す感嘆句の中でも使われます。

boa mesaと私

食事の際に実際使っていただく紙ナプキンも、その日のコーディネートに合わせています

生徒さんはくじを引いて席番号を決めます。レシピは私の好きなグリーンのクリップボードにセット

最初はママ友ばかり6名のクラス。毎月のように人数が増えていきました。
レシピを考えて、何度も試作を重ね、器を選び、
テーブルクロスやエプロンも生地を選んで作ってもらいます。
お花や絵など、部屋のインテリアも毎回ガラッと変えます。
「来てよかった」「次が楽しみです」そして「ごちそうさま」
その言葉を聞き、笑顔を見るだけで、「今日もレッスンができてよかった！」と
私は心からの幸せを感じるのです。

調理中のお鍋の中はどんどん見てもらいます。これはミニトマトの蒸しいため。「ツヤツヤしてきれいでしょ?」

キッチンのカウンターをはさんでデモンストレーションタイム。下写真は干し野菜のプロセスをベランダで説明しているところです

「ようこそ」
「元気だった?」

　　　　生徒さんの数が増えて、キャンセル待ちしてくださる方も増えて、
　　　「日本でいちばん予約のとれない料理教室」といわれるようになりました。
　　　　　　今はほぼ毎日8名の生徒さんがいらっしゃいます。
　　　　　　　　最初にまずウェルカムティータイム。
　　　　　テーブルコーディネートを見ていただいて説明タイム。
　　　　　　キッチンに移動してデモンストレーションタイム。
　　すぐそばで見ると、素材の切り方も扱いも、仕上がりも、よくわかるでしょう?

新しい出会いと私

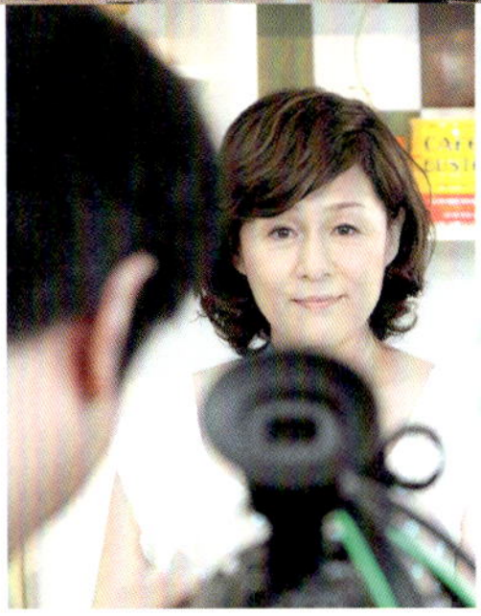

フジテレビ『ノンストップ！』は毎週1回の放映。紹介する料理の収録現場では、たくさんの方々に助けていただき、とにかく楽しい

戦場カメラマン渡部陽一さん、花田景子さんとご一緒させていただいた、ニッポン放送『勇気のラジオ』収録中。とても貴重な体験でした

今年になってから大きなニュースがありました。
この私が、テレビでお料理を教える時間を持てるなんて！
そしてラジオ番組でもレシピコーナーをいただけるなんて！
レシピの選択、わかりやすい説明、時間内に終わらせること…etc.
すべて初めての体験ですが、新しい発見や感動にあふれる毎日です。
視聴者からの「さっそく作りました」「すごく好評でした」という声が届くと、
とってもうれしい。そしてまた、この上ない幸せを感じるのです。

変わらぬ思い

「ここにいると時間の流れがゆっくり感じますね」
生徒さんもお客さまも、うちの窓から北鎌倉の山並みを
眺めながらそうおっしゃいます。
そんな「ゆっくり時計」の中でずっと過ごしてきた私が、
秒単位で動くテレビやラジオの世界に、ちょっと参加しています。
主婦となった時に与えられた私の小さなキッチン、
そこから始まった自分を表現できるステージは、
少しずつ広がっています。
もちろん忙しくなりましたが、舞台に立つ私の思いは、
あの頃と同じ。「喜んでもらいたい」これだけです。
生徒さんだけでなく、出会う人すべてに思う私の心情です。

7年間で行ったレッスンは2000回近くになります。
その中でご紹介したレシピ、
それぞれひとり暮らしを始めた、息子と娘の大好物、
私の最大の理解者である夫と囲む、今のうちの定番、
毎日増え続けている、順位がつけられないくらい大好きな、
boa mesaの毎日のごはんを、1冊の本にまとめてみました。
皆さまの食卓に仲間入りできれば幸いです。

part_1

蒸しいためをマスター

おいしくて簡単で、栄養分を逃がさない、いいことばかりの調理法が「蒸しいため」。素材を厚手のお鍋に入れて、塩とオイルと水を少しずつ入れて、ふたをして強火で2〜3分、これで完成です。野菜だけたっぷり、残った野菜でシンプルに、たまにはお肉や魚介類も入れて…、同じテクニックでレシピのバリエーションはぐっと増えますよ。「私も蒸しいため党に入りました！」という、うれしい話もよく聞きます。

Everyday Cooking by Miyako Wakabayashi　Menu No. **1**

小松菜とねぎとサーモンの蒸しいためクリーム煮

蒸しいための際に白ワインを使い、粉をふって牛乳を加えて煮ます。
普通に煮込むよりはずっと短い時間で仕上がります。

材料　4人分

小松菜　1/2わ
長ねぎ　1本
生鮭　300g
塩　適量

蒸しいため用
A ┌ 塩　小さじ1/4
　├ グレープシードオイル　少々
　└ 白ワイン　大さじ2

小麦粉　大さじ2
牛乳　100mℓ
グレープシードオイル　大さじ3
生クリーム　大さじ3

作り方

1. 小松菜は4cm程度のざく切り、茎と葉を分け、軽く塩をまぶす。ねぎは幅1cmの斜め切り。生鮭は厚さ2.5cmに切り、塩を軽くまぶす。
2. 厚手の鍋に小松菜の茎、葉、ねぎ、鮭の順に重ねて入れ、Aを加えてふたをし、強火で3分蒸しいためする。
3. グレープシードオイルを回しかけ、茶こしを通して小麦粉をふる。牛乳と生クリームを注ぎ、軽く混ぜながら中火で3分ほど煮る。

材料は全部大きめに切り、鍋の中にバランスよく並べるのがポイント

3分間の蒸しいためで火を通し、ここで粉をふってスープにとろみを

Everyday Cooking by Miyako Wakabayashi　Menu No. **2**

レタスと豚ロースの蒸しいため ナンプラー風味

豚肉とレタス、この2つだけですぐにできるスピードおかずです。
ナンプラーを最後にふって風味よく。

材料　4人分
レタス(小)　1玉
豚ロース薄切り肉　100g
にんにく(粗みじんに切る)　小さじ1
赤唐辛子(粗みじんに切る)　1本分

蒸しいため用
A ┌ 塩　小さじ1/4
　│ グレープシードオイル　少々
　└ 酒　大さじ1

ナンプラー　大さじ1
シャンツァイ　適量

作り方
1. レタスは芯をくり抜き、くり抜いた部分に50℃のお湯を注ぎ、しばらくおく。外側から自然にはがれていくので、はがして1枚ずつをおおまかに手でちぎる。
2. 鍋に入れ、にんにくと赤唐辛子を散らす。豚肉を広げ、Aを加えて強火で2分蒸しいためする。
3. ナンプラーを回しかけ、中火にかけてざっくりと混ぜ、火を止めてふたをし、豚肉の色がうっすらピンク色になるまで、余熱で火を通す。
4. 器に盛ってシャンツァイを添える。

レタスは食べやすいようにちぎり、鍋に入れて豚肉をのせる

肉は広げて鍋に入れ火を通しておくと、きれいな盛り付けができる

Everyday Cooking by Miyako Wakabayashi　Menu No. **3**

ズッキーニとえびの蒸しいため タイムの香りヨーグルト風味

えびのプリプリ感が残るのは、蒸しいためだからこそ。殻付きを使うほうがうまみが出ておいしい。蒸しために白ワインを使うのがポイント。

材料　4人分
ズッキーニ　1と1/2本
えび（殻付き）　300g
にんにく（つぶす）　1片
タイムの枝　適量

蒸しいため用
A ┃ 塩　小さじ1/4
　┃ グレープシードオイル　少々
　┃ 白ワイン　大さじ3

ソース
ヨーグルト・マヨネーズ　各大さじ2
粒マスタード　小さじ1

作り方
1. ズッキーニは半月切り、えびは塩を軽くふって湯でもみ洗いし、殻にはさみを入れて背ワタを抜く。
2. 厚手の鍋にズッキーニを入れて、えびをのせる。にんにくとタイムの枝をおいてAを加えてふたをし、強火で3分蒸しいためする。
3. 水分が残っている場合は、ふたを外して強火にかけてとばす。ズッキーニを取り出して盛り付ける。
4. えびは色が変わるまで余熱にかけ、取り出して殻をむく。ズッキーニの上から盛り付け、混ぜたソースをかけ、タイムをあしらう。

えびは頭と背ワタを取り除き、半月切りにしたズッキーニの上に並べる

マヨネーズとヨーグルトは同量使い、粒マスタードも入れてアクセントを

にんじんと帆立の蒸しいためサラダ

ひらひらのリボン状にしたにんじんを蒸しいためすると、ふわりと軽く、
甘みもあるおいしい仕上がりに。にんにく入りのドレッシングがポイント。

材料　4人分

にんじん　2本
帆立貝柱　12粒

蒸しいため用
A ┌ 塩　小さじ1/4
　├ グレープシードオイル　少々
　└ 白ワイン　大さじ2

パセリのみじん切り　大さじ1
片栗粉　小さじ2(大さじ1の水で溶いておく)

ドレッシング
オリーブオイル　大さじ2
白バルサミコ酢　大さじ1
塩・にんにくのすりおろし　各小さじ1/2
にんにくのすりおろし　小さじ1/2
玉ねぎのすりおろし　大さじ1
粒マスタード　小さじ1

作り方

1. にんじんはよく洗い、ピーラーで皮ごと細長いリボン状にする。帆立貝柱は軽く塩（分量外）をふり、水気をふく。
2. 厚手の鍋に入れ、帆立貝柱をのせてAを加えてふたをし、強火で2分蒸しいためする。
3. にんじんを取り出し、パセリ、ドレッシングとよくなじませ器に盛る。帆立は火が通るまで余熱にかけてから取り出す。
4. 残った水分を温め、水溶き片栗粉を加えてよく煮立たせ、とろみをしっかりつけて帆立を戻す。さっとからめて、にんじんにのせる。

蒸しいためする鍋に、にんじんをピーラーでむいて直接入れる

にんにく、玉ねぎ、粒マスタードも入れた、野菜にぴったりなドレッシング

Everyday Cooking by Miyako Wakabayashi　　Menu No. **5**

なすとかぼちゃの蒸しいため ミルフィーユ仕立て

なす、かぼちゃ、ベーコン、チーズ…おいしい素材を重ねて焼いたひと皿。切り分けると、色もとてもきれい。

材料　4～5人分

なす　3～4本　塩　少々

蒸しいため用
A ┃ 塩　ひとつまみ
　┃ 皮ごとにんにくオリーブオイル　大さじ1
　┃ 水　大さじ2

かぼちゃ　200g

蒸しいため用
B ┃ 塩　ひとつまみ
　┃ 皮ごとにんにくオリーブオイル　大さじ1
　┃ 水　大さじ3

ベーコン（せん切り）　60g
バゲット（1cm厚さ）　8～10枚
ピッツァ用チーズ　200g
イタリアンパセリ　適量
皮ごとにんにくオリーブオイル　適量

※皮ごとにんにくオリーブオイルの材料と作り方は
　84ページ参照

なすは蒸しいためでやわらかくしてから、フライパンの底面と側面に並べる

間にベーコン、チーズ、バゲットをはさみながら、なすとかぼちゃを重ねていく

作り方

1. なすは縦6等分の薄切りにし厚手のフライパンに並べる。Aを加えてふたをし、強火に2分かけて蒸しいためする。ふたを取り皮ごとにんにくオリーブオイル大さじ3を回しかけながら中火で焼く。両面に焼き色がついたら取り出し塩少々をふる。
2. かぼちゃは種とワタを除き、長さ8cm、厚さ5mmに切り、なすと同様にBで蒸しいためしてから、にんにくオリーブオイルをかけながら焼く。
3. 直径20cmのフライパンの側面に、なすの皮目を外側にして貼り付ける。底面に放射線状になすを並べ、間にベーコンを入れる。
4. チーズを散らし、バゲットを並べる。さらにチーズ、かぼちゃ、チーズ、なすの順に重ねる。これを2回くり返し、最後に皮ごとにんにくオリーブオイル小さじ2を回しかける。
5. ふたをして中火で5分ほど焼き、火を止めて10分おく。
6. ひっくり返して皿に盛り、イタリアンパセリをあしらう。

キャベツとじゃがいもの蒸しいためグリル
ゴルゴンゾーラとしらすのソース

素材はシンプルに2つ。その分、ソースにしらすとゴルゴンゾーラという個性派を
もってきて、新鮮な味わいを楽しみます。

材料　4人分
キャベツ　1/2個
じゃがいも　2個

蒸しいため用
A ┌ 塩　小さじ1/4
　├ 皮ごとにんにくオリーブオイル　小さじ1
　└ 白ワイン　大さじ3

皮ごとにんにくオリーブオイル　大さじ2

ソース
しらす　カップ1/2
クリームチーズ(ゴルゴンゾーラ風味のもの)　大さじ4
レモンのしぼり汁　小さじ1
牛乳　大さじ1

作り方
1. キャベツは6等分、じゃがいもは皮付きのまま8等分に切り、鍋に入れる。Aを加えてふたをし、強火で3分蒸しいためする。
2. 水分が残っていたら強火でとばし、中火に落とす。皮ごとにんにくオリーブオイルを回しかけながら、焦げ色がついてくるまでゆっくり焼いて器に盛る。
3. 焼いている間にソースの材料をよく混ぜ合わせ、②にたっぷりかける。

キャベツは6等分、じゃがいもは皮付きで、重ならないように並べる

もう一度オイルをかけて焼く。軽く焦げ色をつけるとおいしい

にんじんとトマトの濃厚スープ パングラタン仕立て

スープの水分はトマトとにんじんと牛乳少し。水を加えないので野菜の
うまみが凝縮した濃厚な味が楽しめます。バゲットをのせてグラタン気分！

材料　4人分
にんじん　2本（約300g）
トマト　大1個（約200g）
にんにく　1/2片
牛乳　100ml
バゲット　長さ10cm（4等分する）
ピッツァ用チーズ　適量
にんにくオリーブオイル　適量

蒸しいため用
A ┌ 塩　小さじ1/4
　├ グレープシードオイル　少々
　└ 水　大さじ3

作り方
1. にんじんは湯でよく洗い、皮ごと縦2つに切ってから5mm程度の薄切りにする。トマトはへたをくり抜いて、芽を除いたにんにくをくり抜いた部分に差し込む。
2. 鍋に入れ、Aを加えてふたをし、強火で3分蒸しいためする。
3. 牛乳を加え、ミキサーにかけてなめらかにする。
4. バゲットは横に切り、にんにくオリーブオイルをたっぷりぬりチーズをのせてオーブントースターなどで焼く。焼いたものを、温めたスープの上にのせる。

にんじんは2本、トマトは1個、野菜はこのくらい多めに使うからおいしい

薄切りにんじんの中にトマトを丸ごと入れ、蒸しいため後に牛乳を加える

バゲットはにんにくオリーブオイルをたっぷりぬって焼く。スープとの相性も抜群

Everyday Cooking by Miyako Wakabayashi　Menu No. **8**

蒸しいためきのこと枝豆のあっさり炒り豆腐

蒸しいためは和風のおかずも大得意です。きのこ、枝豆、豆腐、干しえび、ごま…材料の名前を見ただけでワクワクです。

材料　4人分
生しいたけ　4枚
しめじ　1パック
えのきたけ　1パック
枝豆　200g
豆腐(絹ごし)　1丁(しっかり水きりしておく)
干しえび　大さじ2
すりごま　大さじ2
卵　2個
白だし　大さじ1

蒸しいため用
A［塩　小さじ1
　ごま油　少々
　水　大さじ4］

蒸しいため用
B［塩　小さじ1/4
　ごま油　少々
　水　大さじ2］

作り方
1. 最初に枝豆を蒸しいためする。湯で洗った枝豆は、両端を少しずつ切り落とし、鍋に並べ、Aを加えてよくもみ込む。ふたをして強火で4分蒸しいためして、好みの硬さになるまで余熱にかけて取り出す。さやから出しておく。
2. しいたけはかさと軸に分け、かさは手で8つくらいに裂き、軸は石づきのみを切り落として縦に裂く。しめじ、えのきたけは石づきを取りほぐす。
3. 鍋に、きのこを入れ、中央をくぼませて卵を割り入れ、手でざっと崩した豆腐を入れる。干しえびを散らしてBを加え、ふたをして強火で3分蒸しいためする。
4. ふたをしたまま1分おき、卵が固まらないうちに、すりごまをふり白だしを回しかけてよく混ぜ、器に盛って枝豆をあしらう。

枝豆の蒸しいためは絶対おすすめ。重ならないように鍋に並べて

豆腐も手で崩して入れ、卵と干しえびも加えて手で混ぜる

塩麹マリネ野菜どっさりの蒸しいため鍋

ピーマン、ブロッコリー…野菜がいくらでも食べられそうな充実の鍋です。
うちで手作りしている「オリーブオイル塩麹」でマリネします。

材料 4～5人分

キャベツ　1/4個
パプリカ(赤・黄)　各1/2個
スナップえんどう　8本
ブロッコリー　1/2株
カリフラワー　1/4株
ズッキーニ　1本
ヤングコーン　8本
白ワイン　大さじ3
スープ　適量

オリーブオイル塩麹
オリーブオイル　大さじ3
塩麹　大さじ1

作り方

1. オリーブオイルと塩麹をよく混ぜて乳化させておく。
2. キャベツは厚みを均一に、スライスするように切る。パプリカは内側の白いところをそいでくし形に切る。スナップえんどうは筋を取る。ブロッコリー、カリフラワーは小房に分ける。ズッキーニは厚さ1.5cmほどに切る。野菜をすべて保存袋などに入れ、オリーブオイル塩麹を加えてよくもみ込み、1時間ほどおく。
3. 鍋に、キャベツをいちばん下にして野菜をすべて入れ、白ワインを注いでふたをし、強火で3分蒸しいためする。
4. スープを注いで温める。

切った野菜は保存袋に入れ、オリーブオイル塩麹を注いで味をつける

蒸しいためで引き出した野菜のうまみにスープが加わり相乗効果となる

蒸しいためれんこんと豚こまのきんぴら

和風味の代表ともいえる、きんぴら。蒸しいためなら山盛りのれんこんだって、歯ごたえ残しておいしく仕上がる。最後にしょうゆで仕上げ。

材料 2〜3人分
れんこん　200g
豚こま切れ肉　50g
赤唐辛子　1本

蒸しいため用
A ┌ 塩　小さじ1/4
　│ グレープシードオイル　少々
　└ だし　大さじ3

酒・みりん　各大さじ2
しょうゆ　大さじ1
いりごま　小さじ1

作り方
1. れんこんはお湯でよく洗い、皮付きのまま厚さ2㎜ほどに切る。赤唐辛子は種を取って小口切りにする。
2. 鍋にれんこんを入れ、豚肉をのせ、赤唐辛子、Aを加えてふたをし、強火で3分蒸しいためする。
3. 水分が残っていたら強火でとばし、みりんと酒を加えて強火でアルコール分をとばし、照りが出てきたら火を止めてしょうゆを加え、よく混ぜる。
4. 器に盛って、いりごまをふる。

れんこんはこんなにたっぷり。薄切りにしたほうが歯ざわりがよい

アルコール分をとばしてからしょうゆを回しかける

蒸しいためテクニックで　小さなおかず4

オクラと長芋の蒸しいため納豆梅和え
ネバネバ系と納豆＆梅干しでヘルシーに。

そら豆の蒸しいため
ゆでたものとはひと味違う、豆のおいしさを再確認。

11

材料　2人分
オクラ　10本　　長芋　10㎝　　納豆　1パック
梅干し　2個　　しょうゆ　小さじ2
A［　塩　小さじ1/4　　だし　大さじ2
　　グレープシードオイル　少々

作り方
1. オクラは塩ずりして湯で洗い、長芋は皮をむく。それぞれ1㎝角に切り、鍋に入れてAを加え、ふたをして強火で2分蒸しいためする。
2. 納豆、梅干しをよくたたいたものと、しょうゆを合わせ、よく混ぜる。

12

材料　2人分
そら豆　10本
蒸しいため用
A［　塩　小さじ1/2　　水　大さじ4
　　グレープシードオイル　少々

作り方
1. そら豆はさやから出して洗い、ツメの反対部分に切り込みを入れる。
2. 鍋に入れ、Aを加えてふたをし、強火で3分蒸しいためする。様子をみて余熱にかける。皮ごとおいしく食べられる。

セロリの蒸しいため ゴラ子ちりめん山椒

山椒とチーズ、新しい味の出会いです。

パプリカの蒸しいためマリネ かつおぶし和え

しょうゆ入りのマリネ液が新鮮な口あたり。

13

材料　2人分
セロリ　1本　　ちりめん山椒　大さじ2
A ｜ 塩　小さじ1/4　　水　大さじ2
　　｜ グレープシードオイル　少々
ゴルゴンゾーラクリームチーズスプレッド　50g
白みそ　小さじ1/2

作り方
1. セロリは筋を取り、斜め薄切りにする。鍋に入れAを加えてふたをし、強火で2分蒸しいためする。
2. ゴルゴンゾーラクリームチーズ、白みそをよく混ぜ合わせ、ちりめん山椒を加えてセロリと和える。

14

材料　2人分
パプリカ(赤・黄)　各1個　　かつお節細削り　3g
白バルサミコ酢(なければすし酢)　25mℓ
EXオリーブオイル　50mℓ
塩・しょうゆ　各小さじ1/2
A ｜ 塩　小さじ1/4　　水　大さじ2
　　｜ グレープシードオイル　少々

作り方
1. パプリカは3cm幅の薄切りにし、鍋に入れAを加えてふたをし、強火に2分かける。
2. 白バルサミコ酢と塩をよく混ぜ、オリーブオイルを少しずつ混ぜて、しょうゆも加える。①を和えてかつお節を混ぜる。

「蒸しいため」のおさらい

私のレッスンでも、この本の中でも、ほとんどのメニューに登場する
テクニックが「蒸しいため」です。
ここでもう一度テクニックをおさらいしてみます。
1. 蒸しいためは、野菜をおいしく手軽に、栄養価をそこなわずに
　　食べる方法です。ここに肉や魚などをプラスして、
　　一緒に料理することもできます。これで調理時間の短縮もできます。
2. 蒸しいために必要な材料は、野菜、塩、油、水です。
　　野菜に肉や魚を加えることもありますが、基本は野菜です。
3. 必要な道具はふたがしっかりしまる厚手の鍋。野菜に均等に火が
　　通るように、なるべく広口の鍋を選びます。
4. 火加減は強火、ガス火なら鍋底に火が当たって脇からのぞく程度。
　　ＩＨ使用なら最強より１～２段階手前の強火にします。

蒸しいためのもうひとつのポイントは、調理時間が短いことです。
野菜は均等に火が通るように食べやすく切って鍋に入れます。
葉野菜(ほうれん草、レタスなど)、ピーマン、パプリカ、
さやえんどう、もやしは、強火にかけて１分、
ブロッコリー、カリフラワー、アスパラガス、きのこ類で１～２分、
大根、にんじん、かぶ、ごぼう、れんこんなど、
火の通りにくい野菜でも３～４分です。
お湯を沸かしてゆでたり、蒸したりするよりも、ずっと早いでしょう？
シンプルな蒸しいために慣れてきたら、２段階の調理法もあります。
たとえば18ページのように、なすとかぼちゃを蒸しいためし、
次の段階でフライパンに重ねて、もう一度焼く方法です。
26ページのように(上写真参照)、スープを足して仕上げることもできます。

part_2
うちの定番

うちのおかずは家族構成によって、いろいろ変わってきました。
息子や娘の学生時代は、友だちを連れてくることが多く、
若い人向けのガツン系や、カフェ風のおかずもいろいろ作りました。
子どもたちが家を出て、北鎌倉の家では、夫とふたりでの食事が多くなりました。
そんな歴史の中にある、不動の定番おかずを紹介します。
ハンバーグもしょうが焼きもパスタも、家族みんなが愛する味です。

ビーフストロガノフ バターライス添え

薄切り肉をたっぷり使い、トマトペーストでうまみを加えます。
パプリカパウダーで色づけし、最後にクロテッドクリームでコクをプラス。

材料 4人分

- 牛薄切り肉　400g
- マッシュルーム　8個
- 玉ねぎ　1/2個
- 小麦粉　大さじ2
- バター　20g
- パプリカパウダー　大さじ2
- トマトペースト　大さじ3
- 塩　小さじ1/2
- クロテッドクリーム(なければバター)　小さじ2
- ブランデー(あれば)　少々
- 温かいご飯　4人分
- 溶かしバター　大さじ2
- トマト　1個
- パセリのみじん切り　適量

A
- 塩　小さじ1/4
- グレープシードオイル　少々
- 白ワイン　大さじ2

作り方

1. 牛肉は筋に垂直に1cm幅ほどに切る。マッシュルームは4等分、玉ねぎは3mm幅の薄切りにする。トマトは湯むきして種を除き、1cm角に切っておく。
2. 鍋に、玉ねぎ、マッシュルーム、牛肉を入れ、Aを加えてふたをし、強火で2分蒸しいためする。
3. 小麦粉をふり入れてよく混ぜ、バターを加えて中火で炒め、とろみがついてきたらパプリカパウダー、トマトペースト、塩を加えて煮る。クロテッドクリーム、ブランデーも加えて仕上げる。
4. ご飯に溶かしバター、パセリを混ぜ、内側を水で濡らした小さめのボウルやお椀などにしっかり詰めてお皿にひっくり返す。ストロガノフをよそい、①のトマトをあしらう。

薄切り肉は重ねて切る。こうすると肉がまとまるので味つけしやすい

粉をふり、軽くとろみがついてきたら、トマトペーストを加える

Everyday Cooking by Miyako Wakabayashi　Menu No. **2**

鶏もも肉のマリネソテー

お肉をマリネ液に漬ける…この時間で、肉質がやわらかくなり、上質なチキンソテーを作ることができます。

材料　4人分
鶏もも肉　2枚

マリネ液
皮ごとにんにくオリーブオイル　1/2カップ
にんにくのすりおろし　小さじ2
レモン（スライス）　1/2個分
ローズマリー　1枝

付け合わせ
ミニトマト　12個
A ┃ 塩　ひとつまみ　　水　大さじ2
　 ┃ グレープシードオイル　少々

作り方
1. 鶏もも肉は余分な脂肪や筋を取り除き、できれば塩（分量外）を軽くふって脱水シートなどにくるんで数時間おき、余分な水分と臭みを抜いておく。
2. 保存袋や密閉容器に、マリネ液の材料をよく混ぜ合わせて入れ、鶏もも肉を漬け込んで半日から1日おく。
3. 取り出してよく水気をふき、フライパンに皮目を下にしておき、ワックスペーパーなどをかぶせ、重しになる鍋などをおいて反らないようにし、弱い中火にかけて15分から20分焼く（途中5分ほどで重しは外す）。
4. ひっくり返して少しだけ火を入れ、取り出す。
5. 器に盛り付け、マリネ液を煮詰めたものをソースとしてかけ、ローズマリーの枝をあしらう。

付け合わせ　ミニトマトの蒸しいため
ミニトマトはへたを取って洗い、皮に十文字の切り込みを入れる。フライパンに並べてAを加えてふたをし、強火で2分蒸しいためして皮をむく。マリネソテーと一緒に盛り付け、マリネ液をかける。

鶏肉全体が浸るような保存容器や袋に入れ、レモンをのせて冷蔵庫へ

皮目を下にしてフライパンに入れ、重しをして、じっくりと焼く

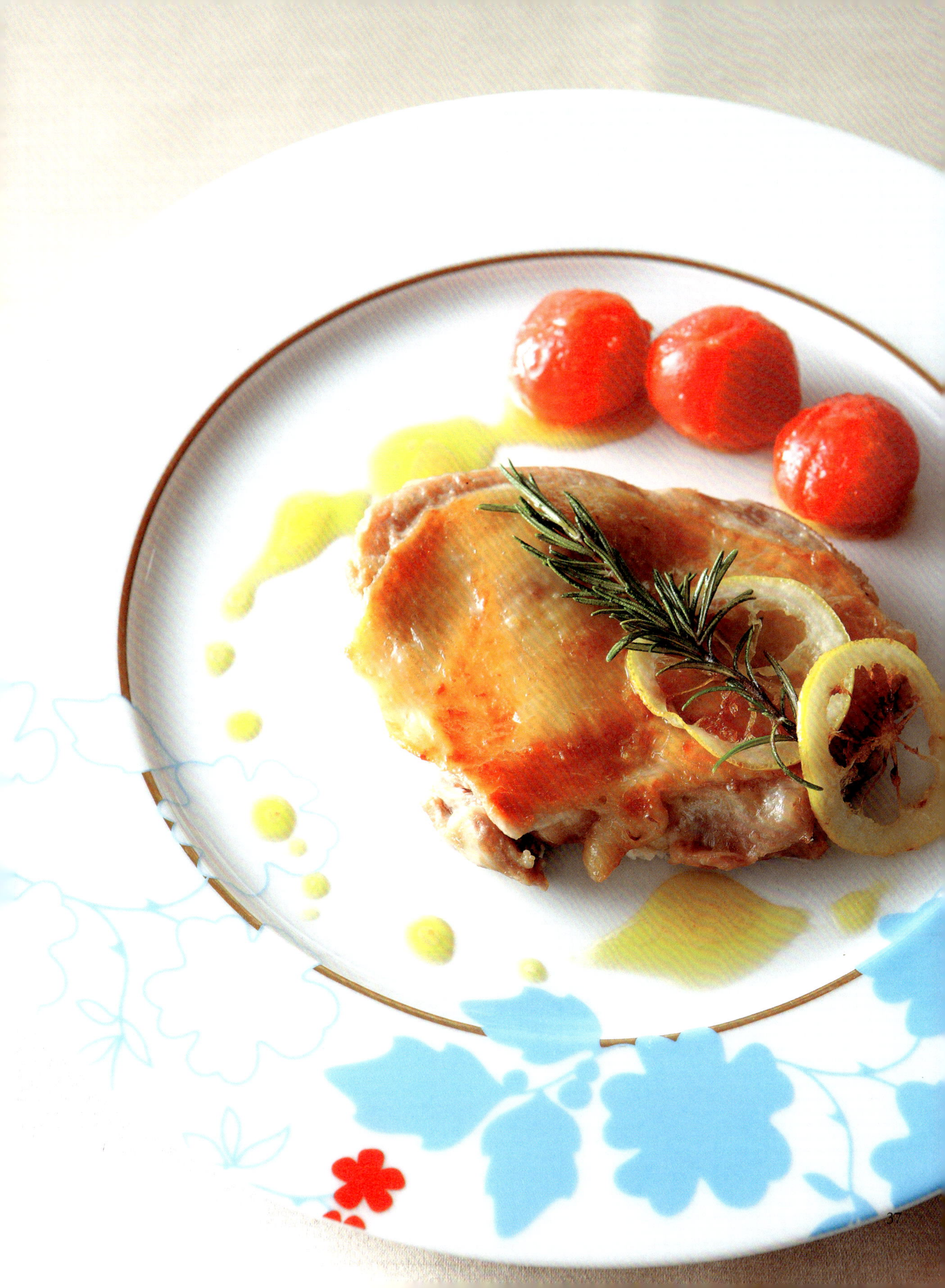

Everyday Cooking by Miyako Wakabayashi Menu No. **3**

お金持ちのハンバーグ

ひき肉ではなく、こま切れ肉を使うところから、この名前をもらいました。
子どもたちが大好きな味。今も作るたびに「やっぱりおいしい！」と思います。

材料　4人分

- 牛こま切れ肉　400g
- ベーコン（せん切り）　30g
- A
  - 玉ねぎ（みじん切り）　1/2個
  - にんじん（みじん切り）　小1/2本
  - にんにく（みじん切り）　1かけ
- 食パン　1枚　卵　1個
- 牛乳　大さじ2
- グレープシードオイル・塩・黒胡椒・ナツメグ　各適量

きのこソース

- しめじ　2パック
- しいたけ　6枚
- エリンギ　2本　縦に裂く
- B
  - 塩　小さじ1/4
  - グレーププシードオイル　少々
  - 酒　大さじ3
- 小麦粉・バター　各20g
- はちみつ・しょうゆ　各大さじ2　　ポン酢　小さじ2

※付け合わせのにんじんのグラッセの材料と作り方は54ページ参照

作り方

1. 肉を重ねて棒状にし、冷凍庫で2～3時間凍らせて切りやすくして、せん切りにする。
2. 食パンに牛乳をかけて湿らせ、卵を混ぜてよくほぐす。
3. Aをフライパンに入れ、塩少々をふり、グレープシードオイルをかけて中火で動かさずに炒める。ボウルに入れて塩小さじ1/2を混ぜ、冷まして②とよく混ぜ合わせる。
4. ①の肉に塩小さじ1/2、黒胡椒、ナツメグ少々も加えてへらで練るように混ぜて粘りを出す。ベーコンのせん切りと②を合わせて手でよく混ぜ、ボウルの底にたたきつけるようにして空気を抜きながら練る。
5. ソースを作る。きのこ類を鍋に入れ、Bを加えてふたをし、強火で2分蒸しいためし、小麦粉をふってよく混ぜる。バターを入れて炒め、はちみつとしょうゆを加えて煮込み、仕上げにポン酢を加える。
6. ④を4等分し、手のひらにサラダ油をつけて俵形にまとめる。フライパンにおき、上からグレープシードオイル少々を回しかけて、弱めの中火で8分焼く。初めに出るアクはキッチンペーパーでふき取る。半分が白っぽくなったら返し、裏面も同じ火加減で5分ほど焼く。⑤の中に入れ、ソースごと温めて、盛り付ける。

切りやすいように凍らせておき、他の材料と一緒に練るようによく混ぜる

焼く時は低温で。始めに出るアクは丁寧に取って時間をかけて焼く

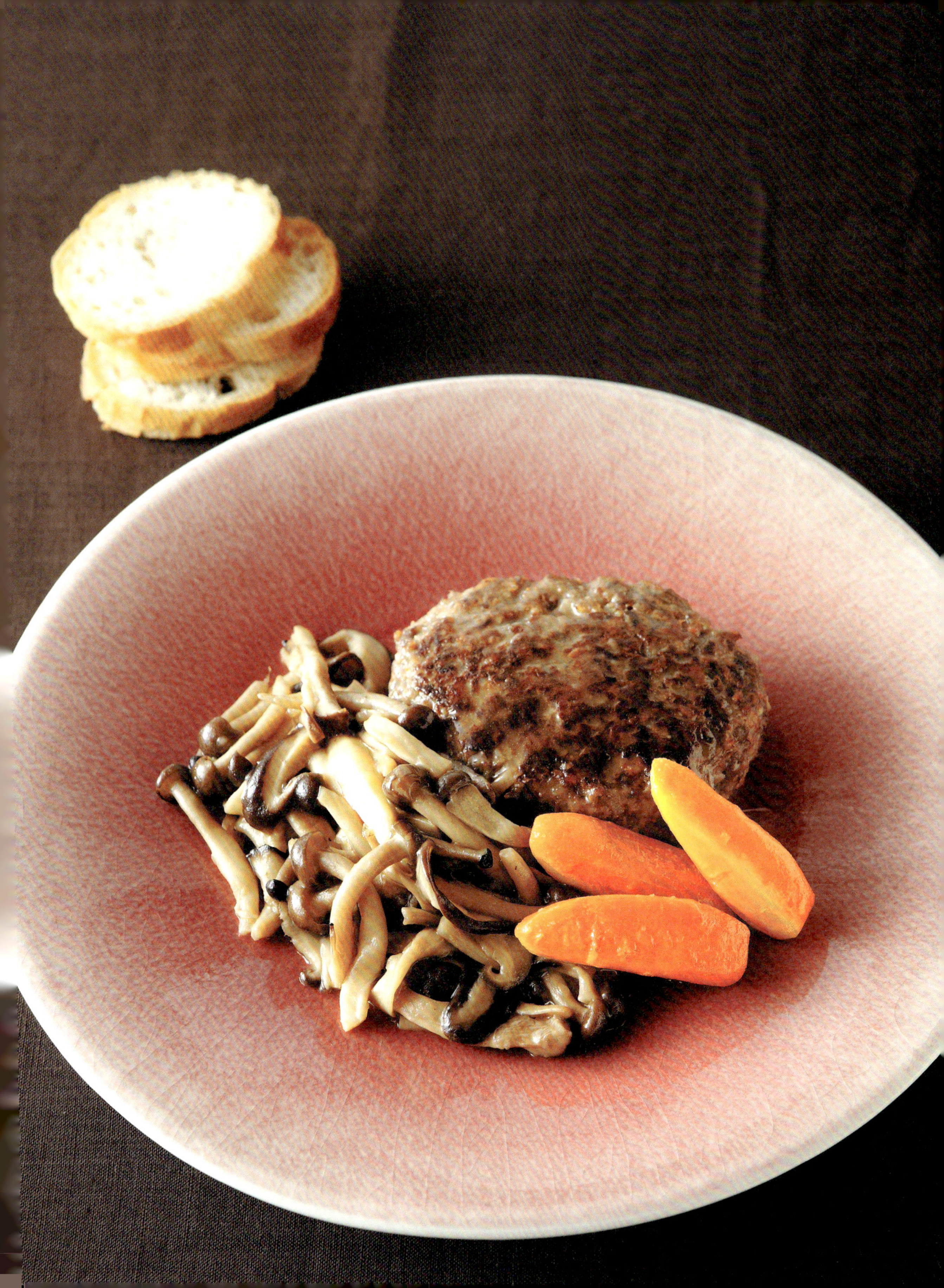

Everyday Cooking by Miyako Wakabayashi　Menu No. **4**

鮭とねぎの蒸しいため

「定番といえないくらい普通のおかず」ですが、長年ずっとリクエストされる
おかずです。ポイントは大きく切った長ねぎをたくさん使うこと。

材料　4人分
生鮭(切り身)　4切れ
長ねぎ　2本
しょうゆ　小さじ2
グレープシードオイル　小さじ1/2

A ┃ 塩　ひとつまみ
　 ┃ グレープシードオイル　少々
　 ┃ 水　大さじ2

すだち　適量

作り方
1. 長ねぎは長さ5cmに切り、フライパンに並べてAを加え、ふたをして強火で3分蒸しいためし、フライパンの片側に寄せる。
2. 生鮭にグレープシードオイルをぬり、フライパンの空いているスペースにおき、弱い中火にかけて10分ほど焼き、ひっくり返して数秒焼く。
3. しょうゆを回しかけて火を止め、少し揺すって香りをつけ、取り出す。
4. 器に盛ってすだちなどをあしらう。

はじめに長ねぎをフライパンで蒸しいためし、中まで火を通す

ねぎを寄せて鮭を焼くと、ひと鍋で調理できる。最後にしょうゆを

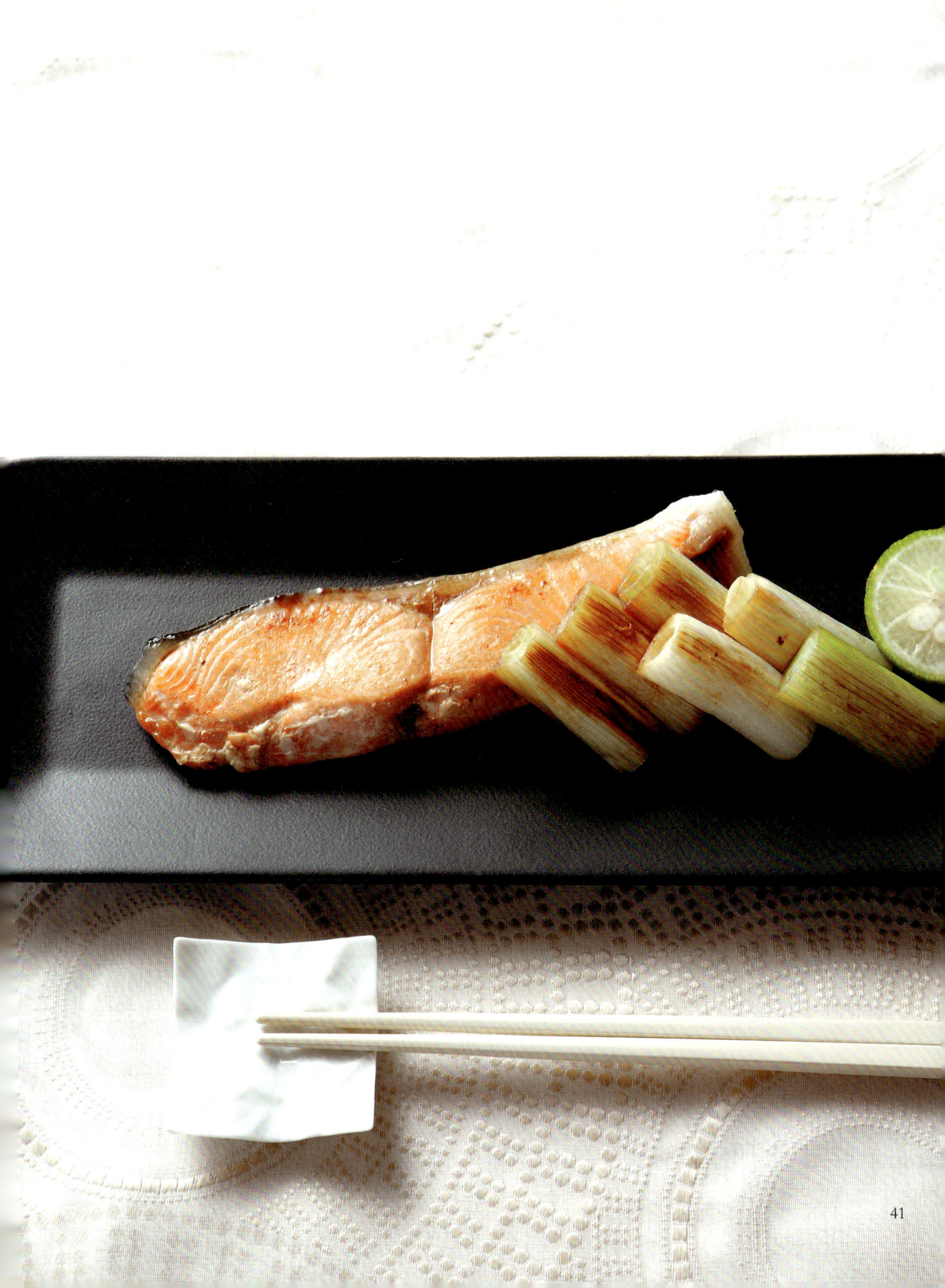

豚のしょうが焼き りんご風味

しょうが焼きの甘みとして、砂糖やみりんの代わりに、私はりんごジャムを使います。しょうゆとしょうがと混ぜるだけだから簡単、そして絶品！

材料 4人分

豚ロース薄切り肉（しょうが焼き用） 400g

A
- しょうゆ 大さじ2
- りんごジャム 大さじ1
- しょうがのしぼり汁 小さじ1

付け合わせ キャベツの蒸しいため
キャベツ 1/4個
青じそ 1束

B
- 塩 小さじ1/4
- グレープシードオイル 少々
- 水 大さじ2

C
- マヨネーズ 大さじ1
- レモン汁 小さじ1
- しょうゆ 小さじ1/2

作り方

1. 豚肉は脂身と赤身の間にナイフを入れて筋切りする。Aのしょうゆとジャムとしょうがの汁をよく合わせておく。
2. フライパンに並べ、弱い中火にかけて焼く。途中出る水分をしっかりふき取り、ふちが白っぽくなりかけたらひっくり返し、水分をふき取りながら数秒焼く。
3. Aを回しかけ、全体を揺すって味をからませる。
4. キャベツは粗いせん切りにして鍋に入れ、Bを加えてふたをし強火で1分蒸しいためをする。余熱にかけてややしんなりしたら、Cをよく混ぜ合わせて和え、青じそのせん切りを混ぜる。

ロース肉は脂身と赤身の間を筋切りすると、反らずに焼くことができる

りんごジャムを混ぜたたれをスプーンで回しかけ、さっと和える

43

根菜たっぷりとん汁

ポトフなどは大きく切った野菜を使いますが、とん汁は小さく切った野菜が好きです。材料は全部同じ量と覚えておくと便利です。

材料 4人分
豚こま切れ肉　200g
ごぼう・にんじん・じゃがいも・れんこん　各100g
長ねぎ　1本
しいたけ　4枚

A ┃ 塩　小さじ1/4
　 ┃ グレープシードオイル　少々
　 ┃ 水　大さじ2

だし汁　500㎖
みそ　大さじ3
みりん　大さじ2
白髪ねぎ　適量
黒七味　少々

作り方
1. 野菜はよく洗い、皮付きのまま約1cm角に切りそろえる。みそ(できれば2種類以上を合わせたもの)とみりんを合わせておく。
2. 根菜から順に鍋に入れ、上に豚肉をのせてAを加えてふたをし、強火に3分間かけて蒸しいためする。
3. だしを注ぎ、煮立つ直前に、火を止めてしばらくおく(いったん冷ましたほうがおいしい)。再び火にかけて、沸騰する直前にみりんを合わせたみそを加える。
4. 器によそって、白髪ねぎをあしらい、黒七味または生七味をふる。

1cm角に切った材料。大きさをそろえると仕上がりの口当たりがよい

野菜は蒸しいためで短時間調理し、だしを入れて、最後にみそを

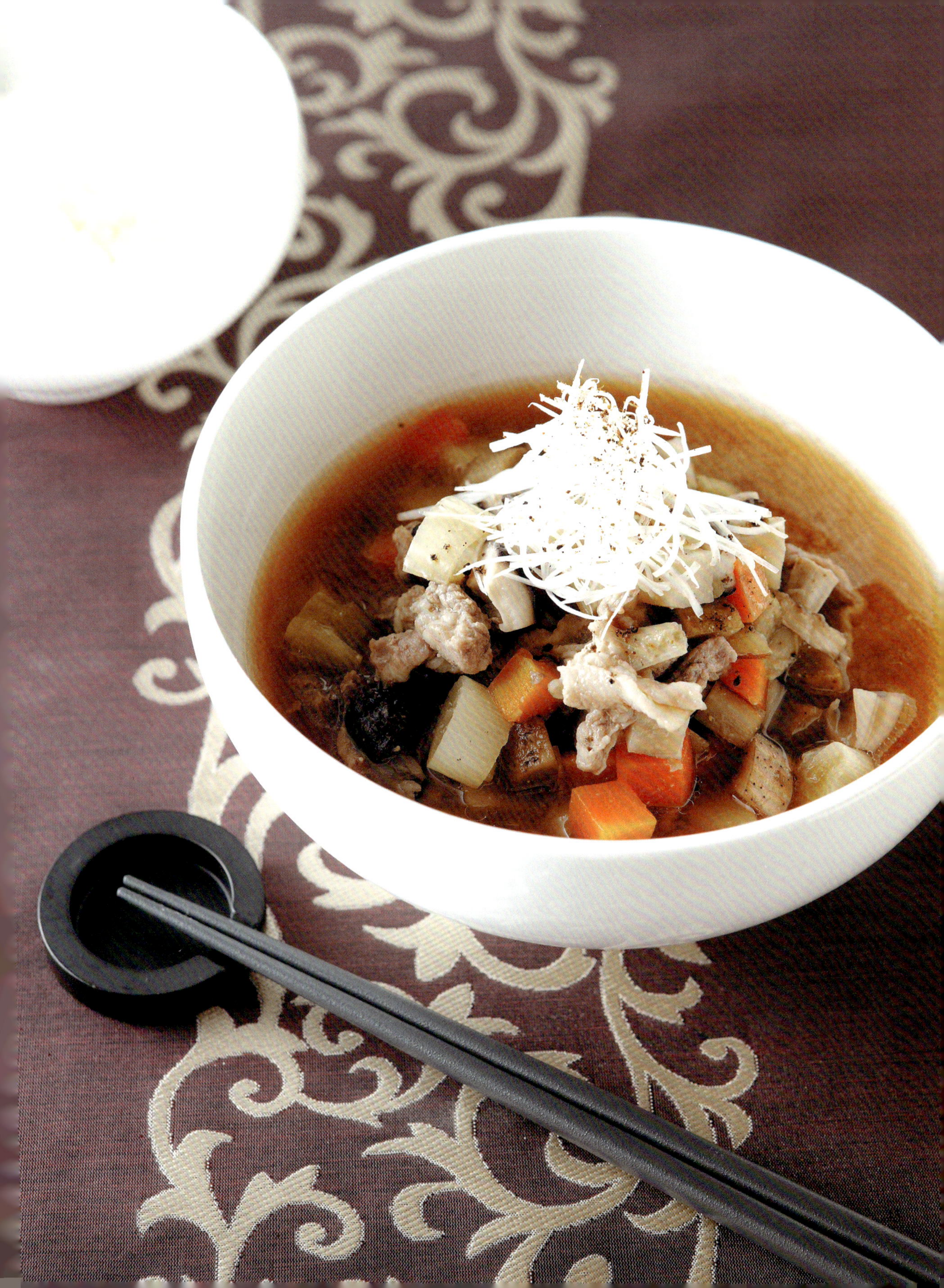

Everyday Cooking by Miyako Wakabayashi　Menu No. **7**

蒸しいためなすとしっとり鶏ささみのうどん

お昼ごはんによくリクエストされる1品。なすと鶏ささみの組み合わせが味の
バランスよく、冷凍うどんの新鮮メニューになりました。

材料　4人分

なす　4本
鶏ささみ　4本
えのきたけ　2パック
グレープシードオイル　60mℓ
冷凍うどん　2人分
万能ねぎ　適量
いりごま　適量
ごま油　大さじ1
だしじょうゆ　適量

A ┃ 塩　小さじ1/4
　 ┃ グレープシードオイル　大さじ2
　 ┃ 水　大さじ2

だし汁　600mℓ　　塩　適量

作り方

1. しっとり鶏ささみを作る。だし汁を保温性の高い鍋で温め、火を止めてささみを入れ、ふたをしてそのまま12〜15分ほどおき、取り出して裂き、塩を軽くふっておく。

2. なすは厚さ2cmにそろえて切り（水などにさらさない）フライパンに並べる。えのきたけは石づきの部分を切り落とし、なすの上におき、Aを加えてふたをし、強火で2分蒸しいためする。

3. えのきたけを取り出し、強火に残っている水分をとばしたら、中火に落としグレープシードオイルを回しかけながらなすの両面がこんがりいい色になるまで焼いて取り出し、塩を軽くふる。

4. 冷凍うどんをたっぷりのお湯にくぐらせてもどし、なすを取り出したあとのフライパンに水気をきりながら入れ、ごま油をかけて軽く炒め、ささみの半量とえのきたけを加えて、だしじょうゆで調味する。

5. 器に盛り付け、なす、ささみをトッピングし、万能ねぎ、いりごまをあしらう。

なすは皮付きのまま厚めに切る。切ったあと水にさらす必要はなし

鶏ささみは加熱せずに火を通すとしっとりジューシー、サラダにも大活躍

47

セロリといかと明太子の蒸しいためパスタ

明太子のパスタというと、オイルやバターに混ぜることが多いけれど、
私は半量をセロリといかと一緒に蒸しいためするので、簡単&スピーディ。

材料 2人分
セロリ 1本
いか 1ぱい
明太子 1腹
　　　　(1/2は蒸しいために、残りはパスタに)
皮ごとにんにくオリーブオイル 大さじ5

A [塩 小さじ1/4
　　皮ごとにんにくオリーブオイル 少々
　　白ワイン 大さじ2]

パスタ(フェデリーニなど細めのもの) 140g
塩 約30g
ディル 適量

作り方
1. セロリは筋を取って斜め薄切りにする。いかはワタと軟骨を除いて湯で洗い、えんぺらや皮ごと筒切り、げそはざく切りにする。明太子は皮から出し、半量ずつに分け、半分をにんにくオリーブオイル大さじ2と合わせておく。
2. 鍋に3ℓの湯を沸かし、塩を加えて、パスタをゆで始める(標準ゆで時間の2分前に④のフライパンに入れられるようにタイミングを合わせる)。
3. 厚手のフライパンにセロリといかと明太子の半量を入れ、Aを加えてふたをし、強火で2分蒸しいためし、よく混ぜ合わせて取り出す。
4. 取り出したあとに皮ごとにんにくオリーブオイルを大さじ3加え、パスタを鍋から直接入れ、よくなじませ、①でにんにくオリーブオイルと合わせておいた明太子を加えて混ぜる。
5. 器に盛り付け、③をトッピングし、ディルをあしらう。

材料はこれだけ。いかとセロリはそれぞれ食べやすい大きさに切る

パスタに混ぜるのは取り分けておいた明太子だけ。残りは器に盛ってから

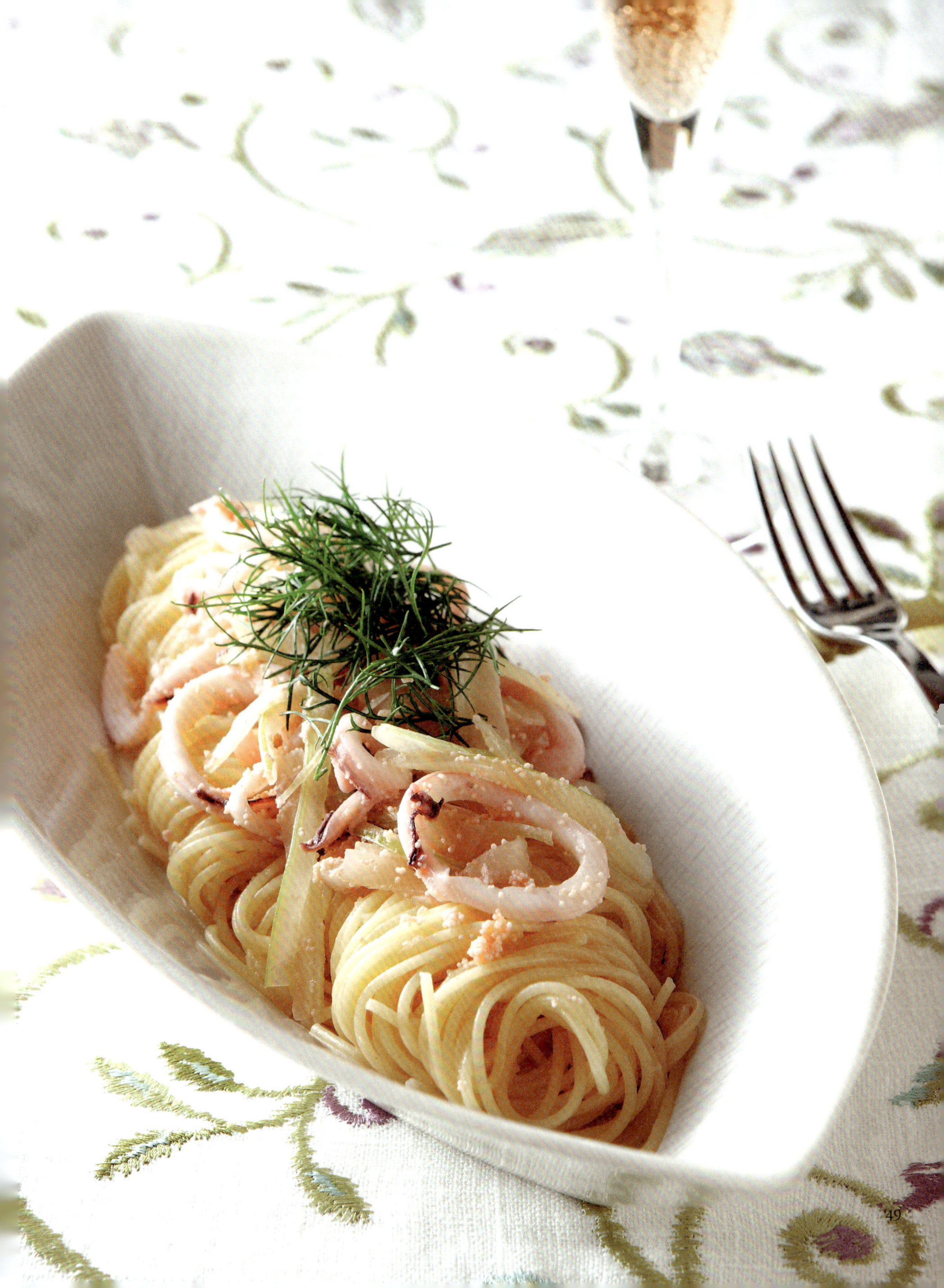

ローストしないビーフ

火を使うのはお湯を沸かす時だけ、という魔法のレシピ。
たくさんの生徒さんが「うちの定番になりました」と喜んでくれました。

材料　4人分
牛ももかたまり肉　600g

マリネ液
しょうゆ・オレンジマーマレード　各100mℓ
オリーブオイル　150mℓ
玉ねぎ（すりおろす）　30g
ローリエ（細かくちぎる）　2枚
にんにく（すりおろす）　10g
黒粒こしょう・粒クローブ・粒コリアンダー　各小さじ1
塩　小さじ1

作り方
1. 牛肉は2〜3cmの厚みに切り、室温にもどす。
2. マリネ液の材料を混ぜ合わせて保存袋に入れ、①を入れてよくもみ込み、一晩おく。
3. 肉を取り出してマリネ液をふき取り、耐熱の保存袋に入れる（肉を漬けていたマリネ液は捨てる）。厚手の鍋に湯を沸かし、火を止めて肉の袋を沈め、ふたをして、そのまま30〜40分おく。
4. 仕上がったら牛肉を食べやすい大きさに切る。袋に残った汁を小鍋に入れ、強火で煮詰めてソースにしてかけてもよい。

マリネ液につけて、一晩おいた後の状態。この液は捨て、肉だけを使う

牛肉は袋に入れて温める。湯の温度は肉を入れた後で68〜70℃がめやす

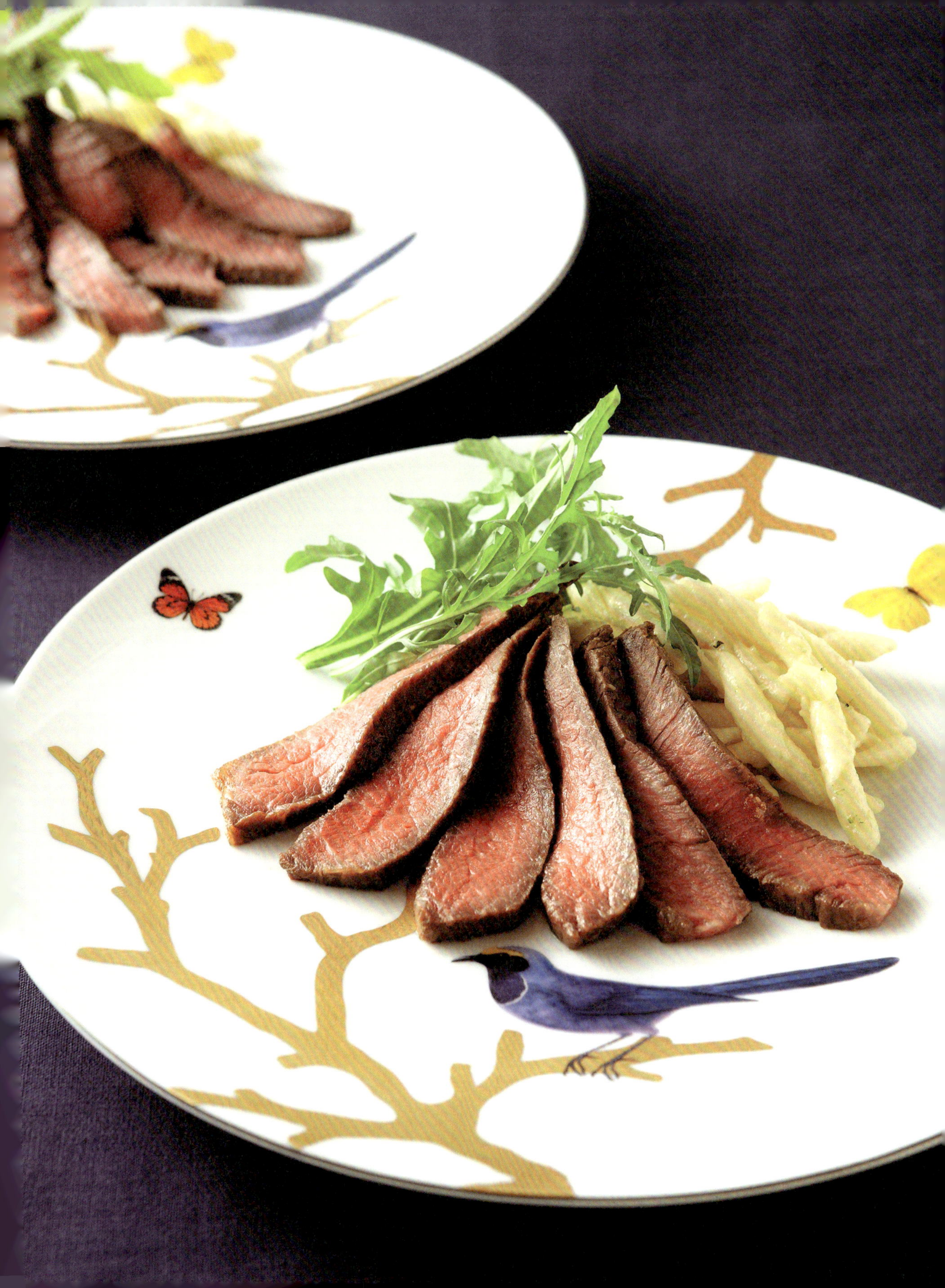

Everyday Cooking by Miyako Wakabayashi

定番おかずに合う　小さなおかず4

うなぎのワイン風味アボカドカップ
かば焼きのたれに赤ワインをきかせて味つけ。

カラフルミニトマトのスイートマリネ
トマトに味がしみ込んだ教室の大人気メニュー。

10

材料　2人分
うなぎのかば焼き　1/2切れ
アボカド　1個
A　赤ワイン・かば焼きのたれ　各大さじ1

作り方
1. うなぎは5mm幅に切り、Aで和える。
2. アボカドは半割りにし種を除く。くぼみに①を入れる。

11

材料　作りやすい分量
ミニトマト（2〜3色）　約30〜40個
A　塩　ひとつまみ　オリーブオイル　少々
　　水　大さじ2
B　白バルサミコ酢　30㎖　塩　小さじ1/2
　　EXオリーブオイル　60㎖

作り方
1. ミニトマトはへたの反対側に浅く十字の切れめを入れる。鍋に入れAを加えて2分蒸しいためをし、皮をむく。
2. Bをよく混ぜ、①を加えてマリネし、しっかり冷やす。あればミントの葉を細かく刻んだものを散らす。

コーンビーフサワ子和え
缶詰のコーンビーフを使って手軽に。

バジルマヨネーズ和えショートパスタ
いくらでも食べられそうなチーズマヨネーズ味。

12
材料　作りやすい分量
コーンビーフ　1缶（100g）
サワークリーム　25g
マヨネーズ・レモン汁　各小さじ1
くるみ　15g　　黒こしょう　少々
作り方
1. コーンビーフをほぐし、サワークリームとマヨネーズ、レモン汁をよく混ぜ合わせる。
2. 炒って乾燥させ、粗みじんにしたくるみも混ぜ込み、黒こしょうをひいてかける。

13
材料　3〜4人分
パルミジャーノ・レッジャーノ　80g
バジル　5枚　　マヨネーズ　50g
オレキエッテなど、ショートパスタ　人数分
作り方
1. パルミジャーノはすりおろし、みじん切りにしたバジル、マヨネーズとよく混ぜ合わせる（バーミックスやフードプロセッサーを使うと便利）。
2. アルデンテにゆでたショートパスタに混ぜ込み、よく和える。

定番おかずの補習

しょうが焼き、チキンソテー、豚汁、パスタ…
いろいろなタイプの「うちの定番」をご紹介しましたが、
プロセスの中で「？」と思うところがあったのでは。
それは肉を高温の湯につけて、加熱しないで火を通すこと。
P46の「鶏ささみうどん」(下写真参照)と
P50の「ローストしないビーフ」で実践しています。
肉を適温の湯につけると、ジワジワと熱が中に入っていくので、
全体がやわらかく仕上がります。
初めてこのプロセスに取り組む方は「火にかけなくて平気かな？」と
少し不安になるようですが、大丈夫！ぜひトライしてみてください。

パサつかない口当たりのやさしい鶏ささみや、
肉のうまみがギュッと詰まったビーフのおいしさを実感できますよ。
それからもうひとつ補習。ハンバーグに添えてある、
にんじんのグラッセのレシピをここで紹介します。
普通はにんじんを炒めてからひたひたのスープで煮て作りますが、
これも蒸しいためすれば調理時間がぐっと短くなります。
レシピはにんじん1本分。倍量を作っても蒸しいため時間は変わりません。
にんじんの蒸しいためグラッセ(P38)
材料と作り方(2〜3人分)
1. にんじん1本はシャトー切りなど好みの形に切り、
   フライパンに並べる。塩ひとつまみ、グレープシードオイル少々、
   水大さじ3を加えてふたをし、強火で3分蒸しいためする。
2. ふたを取って弱火にし、バター10gを加えて
   やわらかくなるまで火を通す。

part_3

ある日のどんぶり

木のお椀や、磁器の鉢にご飯を盛ると、
それだけで食卓の雰囲気がぐっと変わることに気づきます。
それがご飯とおかずが一緒になった「どんぶり」なら、おいしさはなおさら。
具は和洋なんでもOK。大盛りになりすぎないよう、
控えめに盛ると、コーディネートしやすくなります。
「コーンコーンどんぶり」「和ぽなーたどんぶり」などネーミングも楽しく!

Everyday Cooking by Miyako Wakabayashi　Menu No. **1**

コーンコーンどんぶり

とうもろこしを皮付きのまま炊いたらどうかしら？　と思って考えたレシピ。
合わせる具はコーンビーフ、コーンの名をダブルで使ってネーミング。

材料　2～3人分
コーンビーフ　1缶
とうもろこし（皮付きのもの）　1本
白米　2合

A ┌ グレープシードオイル　小さじ1
　 └ 塩　小さじ1/4

B ┌ しょうゆ　大さじ2
　 └ 塩　少々

作り方
1. 米をとぎ、吸水させておく。とうもろこしはひげの茶色くなっている部分を切り落とし、皮が内側の2枚残っている状態までむく。
2. 鍋に米と同量の水を入れ、Aを加えて混ぜ、とうもろこしをのせて炊く。炊飯器でもよい。
3. とうもろこしを取り出し、皮をむきひげを除いて、半分に切る。包丁で粒をそいで落とし、ほぐしたコーンビーフとBを加え、よく混ぜ合わせる。
4. 器によそい、③をたっぷりのせる。

とうもろこしが入る大きさの鍋を使って、皮付きのままダイナミックに

コーンビーフはよくほぐしてから混ぜると、ご飯によく合う味に

57

Everyday Cooking by Miyako Wakabayashi　Menu No. **2**

たらたま豆腐どんぶり

大阪の母から教わった、私の中の歴史あるレシピです。
味つけはだしじょうゆだけ。熱々をご飯にとろりとのせて、いただきます。

材料　4人分

たらこ　1腹
卵　2個
豆腐（絹ごし）　1/2丁
温かいご飯　4杯分
青じそ　5枚
ごま油　小さじ1
だしじょうゆ　適量

作り方

1. たらこは皮から身をほぐし出し、溶いた卵とごま油と合わせておく。
2. 豆腐は水きりしておく。青じそはせん切りにする。
3. 器にご飯を入れて食べやすく切った豆腐をのせる。
4. 樹脂加工のフライパンに①を流し入れ、中火にかけてゆっくりかき混ぜながらとろっとするまで火を通す。だしじょうゆを加えてひと混ぜし、固まらないうちに③にかける。青じそをあしらう。

大根と油揚げのみそ汁

材料　2〜3人分

大根　1/4本　　油揚げ　1/2枚
だし汁　600㎖　　みりん　小さじ1
みそ（できれば合わせみそ）　適量
A｜塩　ひとつまみ　　水　大さじ2
　｜グレープシードオイル　少々
生七味　少々

作り方

1. 大根はよく洗い、皮付きのまま千六本に切る。油揚げは熱湯で油抜きして、大根とそろえて切る。
2. 鍋に①を入れて、Aを加えてふたをし、強火で2分蒸しいためする。
3. だし汁を注ぎ、沸騰する直前にみそを溶き入れ、みりんを加える。椀に入れて、生七味をのせる。

材料はとってもシンプル。この3つの組み合わせだからおいしい！

たらこと溶き卵を火にかけ、だしじょうゆも加えて手早く混ぜる

59

みょうがとじゃこのバター風味どんぶり

じゃこバター、だしじょうゆに柚子こしょう、おいしい香り満載

材料　4人分

枝豆　1束

A ┌ 塩　大さじ1　　水　大さじ4
　└ グレープシードオイル　少々

ちりめんじゃこ（乾燥）　50g
みょうが　3本　　バター　20g
いりごま　適量

B ┌ 米酢　大さじ2　　しょうゆ　大さじ1
　│ いしるだしじょうゆ　大さじ1
　└ 柚子こしょう　小さじ1

温かいご飯　2合分

作り方

1. 枝豆は枝から外して洗い、厚手の鍋に入れる。Aを加えよくもんで、ふたをし、強火で3〜4分蒸しためし、さやから出しておく。
2. みょうがは外側の赤いところをせん切りにして飾りにとっておき、残りはみじん切りにし、Bを合わせた中につけておく。
3. 鍋にバターとちりめんじゃこを入れ、中火にかけて軽く炒め、Bを加えて、よく混ぜる。
4. 温かいご飯に③と枝豆を混ぜ、器に入れて、せん切りのみょうがをあしらい、いりごまをふる。

Everyday Cooking by Miyako Wakabayashi   Menu No. **4**

レタスと豚キムチ&韓国のりどんぶり

辛さ控えめの豚キムチに、レタスと韓国のりでパリパリ感をプラス

材料　2人分
レタス　小1個
豚こま切れ肉　100g
キムチ　30g
韓国のり　1パック
温かいご飯　2人分
ごま油・しょうゆ　各小さじ2
いりごま　大さじ1

作り方
1. レタスは芯をくり抜いて湯につけ、葉を1枚ずつはがし、ざっくり手でちぎる。韓国のりは手で軽くもみ、ごまと合わせておく。キムチは食べやすい大きさに切る。
2. フライパンに豚こま切れ肉とキムチを入れる。ごま油を回しかけ、弱めの中火にかけ、出てくる水分をふきながら、動かさずに火を通す。豚肉が薄いピンク色になったら火を止め、しょうゆを加えてよく混ぜる。
3. 器にご飯を入れ、レタスと韓国のり、②の豚キムチをのせる。

和ぽなーたどんぶり

根菜も一緒に煮込んだ栄養バランスのいい一品を和風の味つけで。

材料 4人分

長ねぎ・にんじん・大根・れんこん・長芋
各100g
生しいたけ　2枚　　温泉卵　4個
パプリカ(赤・黄)　各1/2個
温かいご飯　4人分
A ┌ 塩　小さじ1/4　　だし　大さじ5
　└ グレープシードオイル　少々
細ねぎ　適量　　ごま油　小さじ2
ポン酢しょうゆ　1カップ

作り方

1. ねぎは長さ5cmの筒切り、れんこん、にんじんは皮付きのままいちょう切り、大根は皮付きのまま長さ5cmの細切りにする。長芋は皮を厚めにむきれんこんに合わせて切る。しいたけは、かさの部分は4等分、軸は縦に4つに裂く。パプリカは8mm幅の細切りにする。
2. 鍋に①を入れ、Aを加えてふたをし強火で3分蒸しいためする。そのまま弱火で10分ほど煮込み、火を止めてポン酢しょうゆとごま油を加え、冷ます。
3. 再び温めて温かいご飯にかけ、温泉卵を割り入れ、ねぎをあしらう。

トマト牛肉どんぶり

牛どんにトマトと卵を加えたら、よりおいしく彩りよくなりました。

材料 4人分

トマト 2個
A [塩 ひとつまみ　水 大さじ2
　　グレープシードオイル 少々]
玉ねぎ 100g　生しいたけ 4枚
牛薄切り肉 200g
B [塩 ひとつまみ　だし 大さじ2
　　グレープシードオイル 少々]
だし 大さじ3　卵 4個
みりん・しょうゆ 各大さじ2
いりごま 適量　温かいご飯 4人分
細ねぎ 適量

作り方

1. へたをくり抜いたトマトとAを鍋に入れてふたをし、強火で1分蒸しいためし、取り出す。粗熱が取れたら皮をむき、ざく切りにする。
2. 薄切りにした玉ねぎとしいたけ、縦に裂いたしいたけの軸を入れ、その上に牛肉を広げてのせ、Bを加えてふたをし、強火で2分蒸しいためする。
3. だし、みりん、しょうゆを入れて中火で2分ほど煮込む。トマトを戻し、溶いた卵を入れて、鍋のふちが白くなってきたら火を止めてふたをし、卵に余熱を通す。
4. 器にご飯を入れ、③をかけていりごま、ねぎをふる。

どんぶりに添えたい　小さなおかず4

オイルサーディンとサクサク玉ねぎ
玉ねぎは粗いみじん切りにして歯ざわりよく。

おろしきゅうりとたこのあっさり和え
すりおろしたきゅうりで新鮮な味に。

7
材料　4人分
オイルサーディン　1缶　　玉ねぎ　1/4個
赤唐辛子　1/2本　　だしじょうゆ　大さじ2
スプラウト(レッドキャベツ、ブロッコリーなど)
1/4パック

作り方
1. オイルサーディンは油をきる。玉ねぎは粗みじん切り、赤唐辛子は種を取って薄切り、スプラウトは根の上の部分で切りそろえる。
2. すべてを混ぜ合わせ、だしじょうゆで和える。

8
材料　4人分
ゆでだこまたは蒸しだこの足　2本
きゅうり　2本　　黒オリーブ　10粒
レモン汁　大さじ2　　オリーブオイル　大さじ1

作り方
1. たこは湯で洗い、水気をふいて食べやすい大きさに切る。レモン汁の半量をまぶす。
2. きゅうりは種を除いてすりおろす(フードプロセッサーなどにかけてもよい)。黒オリーブは4等分にする。
3. ①と②を混ぜ合わせ、残りのレモン汁とオリーブオイルで和える。

大根の蒸しいため　にんにくラー油和え
蒸しいためすると大根の味なじみが抜群です。

もやしの蒸しいため　塩昆布和え
もやしの余熱で塩昆布の味がなじみます。

9
材料　4人分
大根　1/4本　　くるみ　1/4カップ
A [塩　ひとつまみ　　水　大さじ2
　　グレープシードオイル　少々
B [しょうゆ・ガーリックチップ　各小さじ2
ラー油　少々

作り方
1. 大根は湯で洗い、皮付きのまま細切り、くるみは空炒りし、粗みじん切りにする。
2. 鍋に入れ、Aを加えてふたをし、強火で2分蒸しいためする。水分が残っているようならふたを外して強火でとばす。
3. Bとラー油を加えてよく混ぜる。

10
材料　4人分
もやし　1/2袋
塩昆布細切り(乾燥タイプ)　5g
A [塩　ひとつまみ　　水　大さじ1
　　グレープシードオイル　少々

作り方
1. もやしは湯で洗い、鍋に入れ、Aを加えてふたをし、強火で1分蒸しいためし、余熱でややしんなりさせる。
2. 水気をきって器に盛り、塩昆布をトッピングし、いただく直前に混ぜる。

どんぶりの補習・汁物は欠かせない！

どんぶりと一緒に食べたいのが、おみそ汁やスープなど汁物です。
おみそ汁の代表として、大根と油揚げのみそ汁をP58で紹介しましたが、
スープでよく作るのが、野菜スープにフォームミルクをのせた
「カプチーノスープ」。うちではカプチーノマシンで牛乳の泡を作ります。
泡立てる道具をお持ちでない方は、生クリームをかけてもおいしい。

アスパラガスのスープ
材料（2人分）
アスパラガス　12本（根元2cmを除き、皮をむいて6等分に切る）
にんにく　1片（半割りにして芽を除きつぶす）

蒸しいため用
A ┌ 塩　小さじ1/2強
　│ オリーブオイル　小さじ1/4
　└ 水　大さじ3
水　100mℓ
クロテッドクリーム　大さじ1（ない場合はバター小さじ1）
作り方
1．厚手の鍋に、アスパラガス、にんにく、Aを入れ、
　　ふたをして強火で2分蒸しいためする。
2．飾り用にアスパラガスの穂先だけを取り出す。
　　水を加えて沸騰させ、弱火でやわらかくなるまで煮る。
3．ミキサーに移してクロテッドクリームを加え、なめらかになるまで回す。
　　器に入れ、アスパラの穂先を飾る。

part_4
小さな器でワンプレート

「これ何に使うんだろう?」と思うような、ミニチュアサイズの小さな器が好きです。飾って見るだけでなく、実際にお料理に使ってみると、活用度が高く、テーブルがとってもチャーミングになります。丸い大皿や角皿をチャージャープレートに敷くと、盛り付けが楽しくなります。長皿やだ円皿などを使って、おかずのバランスを考えるのも好きです。

Everyday Cooking by Miyako Wakabayashi　Menu No. **1**

豚肉のエリンギロールでワンプレート

コンランショップに行った時に、石のプレートを見つけました。
小さいホーローのお鍋を置いて、グラスを並べて、洋風ワンプレート完成！

豚肉のエリンギロール

材料 2人分
豚バラ薄切り肉　100g
エリンギ(軸の太いもの)　4本
オリーブオイル・しょうゆ　各大さじ1

作り方
1. エリンギは8cm長さに切る。豚肉を巻き、巻き終わりを下にしてフライパンに並べる。
2. オリーブオイルを回しかけて弱い中火にかけ、出てくる水分や脂をふき取りながら動かさないで7〜8分焼き、反対の面を4分、側面を1分ずつ、全体に焼き色をつける。
3. しょうゆを回しかけて火を止め、転がしながら全体にからめる。

太いエリンギをバラ肉で巻くと味も見た目もきれいに仕上がる

スモークサーモンのリエット
材料と作り方(作りやすい分量)
スモークサーモン約150g、サワークリーム100g、レモン汁小さじ2、ケイパー大さじ1をすべてボウルに入れ、フォークでサーモンを刺して刻むようにしながら混ぜる。

スモークサーモンはフォークを使って細かくすると他の材料を混ぜやすい

じゃがいもの
バジルマヨネーズ和え
材料と作り方(2人分)
1. じゃがいも1個は皮ごと蒸して、熱いうちに皮をむく。
2. 食べやすく切り、塩・白バルサミコ酢各少々をふってからバジルマヨネーズ(P53参照)で和える。

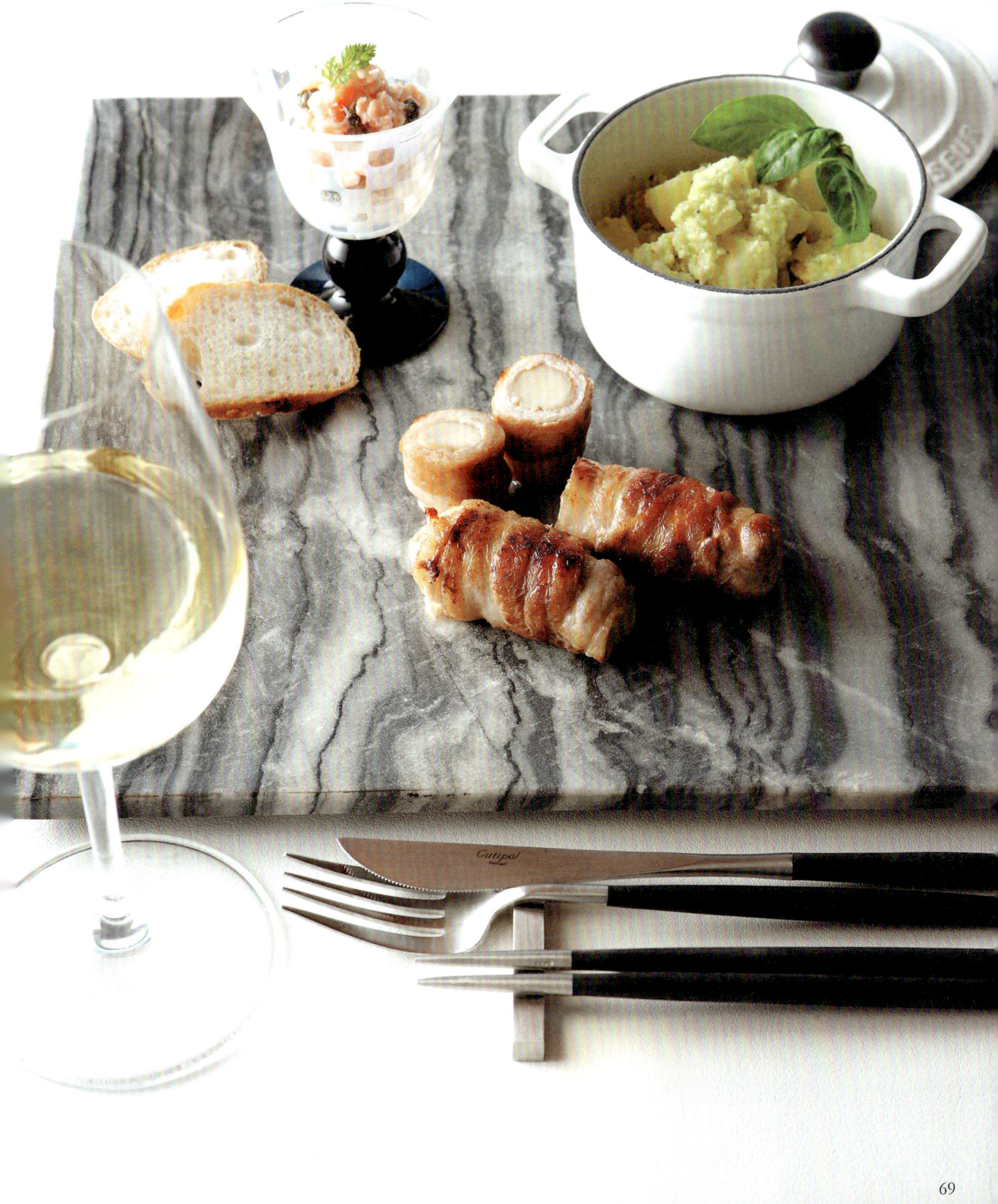

ぶりの照り焼きでワンプレート

地味になりがちな和風の魚料理も、ワンプレート感覚で並べると、華やかな印象になります。小さい重箱は2つ並べて野菜のおかずを入れました。

ぶりの絶品照り焼き（4人分）

材料 2人分
ぶり（切り身）4切れ
グレープシードオイル・塩　各少々
鮭・みりん・しょうゆ　各大さじ1

作り方
1. ぶり切り身にグレープシードオイルを手でぬりつけ、フライパンにのせて弱めの中火にかける。
2. 上の面がほとんど白っぽくなってくるまで焼き、裏返したらすぐにみりんと酒をふってフライパンを揺する。
3. アルコール分、水分がとんだら、火を止めてしょうゆを回しかけ、揺すって照りをつける。

ぶりは全体にオイルをぬり弱い中火でゆっくり焼くとふっくらジューシーに

小松菜のガーリックちりめんじゃこ

材料と作り方（2人分）
1. 小松菜1わは洗ってざく切りにする。鍋に入れて塩ひとつまみ、ごま油少々、水大さじ1を加え、ふたをして強火に1分強かけ蒸しいためする。余熱でしんなりさせ、取り出して水気を絞りしょうゆで和える。
2. フライパンにちりめんじゃこ大さじ1とごま油大さじ2を入れて弱い中火で熱し、ちりめんじゃこが色づいてきたら、ガーリックビッツ小さじ2を加え、香りが立ってきたら油ごと小松菜にかける。

いんげんとじゃがいものみそマヨネーズ

材料と作り方（4人分）
1. じゃがいもは皮ごとせん切りにし、いんげん100gも斜めに薄く切る。
2. 鍋に入れて塩ひとつまみ、グレープシードオイル少々、水大さじ3を加え、ふたをして強火で2分蒸しいためする。余熱でしんなりさせる。
3. 白みそ小さじ1、マヨネーズ・すりごま各大さじ2、塩・しょうゆ各少々をよく混ぜ合わせて②を和える。

71

Everyday Cooking by Miyako Wakabayashi　Menu No. **3**

鶏肉のうま煮でワンプレート
ここからは白い長角皿でワンプレート。煮物と切り口がきれいな湯葉巻きで。

鶏肉のうま煮水菜少し添え
材料と作り方
P83「鶏肉ときのこのうま煮」参照。鶏肉は、小さな器に合わせて一口大に切る。水菜適量と一緒に盛る。

えびの湯葉巻き
材料と作り方（2～3人分）
1. えび（殻付き）3尾は殻をむいて背ワタを取り、身が反らないように音がするまで折る。塩・酒各適量をまぶす。
2. 生湯葉適量を広げ、①をのせて巻く。巻き終わりを下にして鍋に入れ、みりん大さじ1をふって火にかける。
3. アルコールがとんだら熱いだし汁1カップを注ぎ、紙ぶたをのせてえびの色が白っぽく変わるまで煮る。しょうゆ大さじ1を加えて火を止め冷ます。

れんこんの実山椒煮
材料と作り方（3～4人分）
1. れんこん100gは湯でよく洗い、皮をむかずに扇形の薄切りにする。鍋に入れ、塩ひとつまみ、グレープシードオイル少々、水大さじ2を加える。強火で2分蒸しいためする。
2. 実山椒小さじ1としょうゆ少々を加え、水分がなくなるまで煮る。

Everyday Cooking by Miyako Wakabayashi　Menu No. **4**

ローストポークのバルサミコ煮でワンプレート
手軽に作れる生ハムチーズと、教室の大人気メニュー「溺れだこの煮込み」を添えて。

くるみゴラ子の生ハム巻き
材料と作り方（作りやすい分量）
1. くるみ30gはフライパンに並べ、弱火にかけて空炒りし、粗みじん切りにする。
2. ゴルゴンゾーラクリームチーズ50gに①を混ぜ、生ハム適宜で巻く。

ローストポークのバルサミコ煮
材料と作り方（作りやすい分量）
1. ポットローストはP82の要領で作り、あまった端の肉を小鍋に入れる。
2. オリーブオイル小さじ2をからめて熱し、バルサミコ酢大さじ3を加えてよく混ぜ、とろりとするまで煮詰める。

溺れだこの煮込み
材料と作り方（作りやすい量）
1. たこ（ゆでてあるもの）500〜600gは湯で洗ってビニール袋に入れ、めん棒や空きびんなど硬いものでたたく。トマト水煮（缶詰・ホールタイプ）はへたの固形部分を除く。にんにく2片は半割りにして芽を除き、つぶす。
2. 厚手鍋に①と白ワイン・炭酸水・オリーブオイル各50mlを入れ、紙ぶたをして弱火で40分〜1時間煮る。
3. たこを取り出し、にんにくを除いた煮汁を中火で煮詰める。たこを食べやすい大きさに切って戻し、味をみて塩少々を足す。

Everyday Cooking by Miyako Wakabayashi　Menu No. **5**

ローストしないビーフでワンプレート

小さな器の時は小さく切ることが大切。アスパラ巻きも食べやすく盛り付け。

ツナのブランダード
材料と作り方（2人分）
1. じゃがいも1個は皮ごとやわらかくなるまで蒸して皮をむき、粗くつぶす。オリーブオイル大さじ1、白バルサミコ酢小さじ2、塩少々を加えて混ぜる。
2. ツナ（缶詰）50gの水気をきり、レモン汁・塩各少々を加えて①と混ぜる。黒オリーブの薄切り適量も混ぜる。

ローストしないビーフのアスパラ巻き
材料と作り方（4人分）
1. ローストしないビーフの材料と作り方は50ページ参照。
2. グリーンアスパラガス4本は根元の硬い部分を切り取り、鍋に入れる。塩小さじ1/4、グレープシードオイル少々、水大さじ1をふって火にかけ、3分蒸しいためする。1本を3つに切り、①にのせて巻く。

サーモンとなすのタルタル
材料と作り方（2人分）
1. なす1本は1cm角に切って鍋に入れ、塩ひとつまみ、グレープシードオイル少々、水大さじ1をふって中火で3分蒸しいためする。塩少々を加えて中火に2分かけ、やわらかくする。
2. 粗熱が取れたら、1cm角に切ったサーモン（刺身用）50gと合わせ、オリーブオイル・しょうゆ各大さじ1で和える。セルクルなどで丸く抜く。

Everyday Cooking by Miyako Wakabayashi　Menu No. **6**

れんこんご飯でワンプレート

木鉢に入れた炊き込みご飯が真ん中。おそろいの椀に白和えを入れて添えます。

まるで揚げなす焼きびたし
材料と作り方（4人分）
1. なす4本は厚さ2cmの筒切りにしてフライパンに入れ、塩ひとつまみ、グレープシードオイル大さじ1、水大さじ2をふってふたをし、強火で2分蒸しいためする。
2. 水分が残っていたら強火でとばし、グレープシードオイル大さじ4〜5を回しかけながら、両面にきれいな焼き色がつくまで焼く。
3. しょうゆ・酢・砂糖・水各大さじ2、ごま油小さじ1をよく混ぜ合わせ、②が熱いうちに漬け込む。
4. よく冷やして盛り付け、白髪ねぎ適量、七味唐辛子少々をあしらう。

れんこんご飯
材料と作り方（4人分）
1. れんこん100gは薄いいちょう切り、50gはすりおろす。
2. 鍋か炊飯器に、無洗米2合、れんこんのすりおろし、しょうがのすりおろし小さじ2、だし汁400〜420mlを混ぜ合わせる。薄切りのれんこんをのせて、グレープシードオイル小さじ1、塩ひとつまみをふり、炊く。
3. いりごま適量を入れて全体をよく混ぜ、器によそって、万能ねぎ適量をふる。

にんじんとアボカドの白和え
材料と作り方（4人分）
1. 豆腐（絹ごし）1/2丁は水きりする。アボカド1/2個は角切りにする。
2. にんじん200gはマッチ棒くらいの太さのせん切りにし、塩小さじ1/4、グレープシードオイル少々、水大さじ2を加えて中火で3分蒸しいためする。
3. 豆腐にアボカドとだしじょうゆ小さじ1/2を混ぜ②と和える。

Special interview

渡部陽一さんを迎えて

　やさしく、時に鋭く、心に響く言葉を投げかける、戦場カメラマン渡部陽一さん。今年の春からラジオ番組でご一緒する機会があって、boa mesaのことも時々お話ししていました。
　夏の終わりの昼下がり、講演のお仕事の帰りに、「ちょっと近くまで来ることがあったので」と（決して近くはない）北鎌倉のわが家に来てくださいました。
「わあ、渡部さん、ようこそいらっしゃいました！暑かったでしょう。どうぞお入りください。今すぐに冷たいものいれますねえ！　コーヒー、紅茶？　エスプレッソもカプチーノもできますよ！」と、かなり興奮気味な私に、どこまでも落ち着いている渡部さんは、あの低音ボイスでひと言**「おじゃまいたします」**と静かに靴を脱がれました。

渡部　テーブルの上、素敵です。窓からの景色も空もあまりにも素敵です。若林先生の真骨頂ですね。
若林　今日は、渡部さんが好きとおっしゃっていたものをお出ししようと、張り切っていろいろ準備したんですよ！
渡部　これはラジオで紹介された、プチトマトのマリネですね。インプットされています
若林　こっちのお皿はフムスです。前におっしゃっていたでしょう。フムスや豆の話を。
渡部　フムスは中東では朝から食べるんですよ。でも、まさか日本で食べられるとは思っていませんでした。
※フムス　ゆでたひよこ豆に、にんにく、オリーブオイル、レモン汁などを加えてすりつぶし、ペースト状にした、中東地域の伝統料理。

若林　まずは冷たいお茶をどうぞ。今日のはセパレートティーという二層になった紅茶です。渡部さんはスパイスティーはお好きですか？
渡部　（セパレートティーをひと口飲んで）カクテルのようです。生き返るようです。イランの紅茶の味がします。カルダモン、ジンジャー、スパイスの使い方は国によって違いますから、それぞれに魅力がありますね。スパイスティーもチャイも大好きです。

渡部さんが絶賛した「プチトマトのマリネ」フォークでトマトを食べて、最後に汁をジュースのように飲む

遅くなった乾杯をして笑顔のカットを撮影。「ハイ、チーズ」ではなく「大好き！」と声をかけるのがいいそうです。右下写真が話題の「フムス」

　渡部さんがメインパーソナリティーの『勇気のラジオ』という番組で、私は「勇気のレシピ」というコーナーをやらせていただきました。「プチトマトのマリネ」はその中で紹介したものです。
※レシピは84ページ参照。

渡部　いただきます。本当においしい、**極上です。素材そのものの、うまみが立っています**。野菜が呼吸して生きていますね。
若林　味のグラデーションがあると、渡部さんがおっしゃっていたんです。私はそれを聞いて、ものすごくうれしく思いました。
渡部　**トマトの感触がゆっくり伝わってきて、最後は飲む快楽があります**。おいしくて止まりません。

　ワイングラスは用意していたものの、乾杯を忘れていました。スペインのスパークリングワインで「SAKURA」という名前です。遅くなりましたが、渡部さんに、そして勇気に乾杯！

渡部　では続いてフムスをいただきます。大好きな味です。砂漠の民の食事ですね。日本でフムスが食べられることは奇蹟です。パンにつけて食べてもおいしいんですよ。やめられません！
若林　今日はレバーペーストとリエットも作りました。ちょっと頑張りました。
渡部　それはフランス料理ですか？
若林　フランスの家庭のお料理です。でもそのまま日本でレシピにするのは難しいので、何度も試作して、改良を重ねて（笑）、生徒さんからもリクエストされる、boa mesaの人気レシピになりました。
渡部　作るのは、かなり大変なのでは？
若林　3時間は煮込みます。すごく手間はかかるけれど、買ってきたものよりも絶対おいしいと思います。
渡部　レバーペーストをユーゴスラビアで食べたことがあります。限られた貴重な缶詰だったので、とても救われる気持ちでした。うーん、これはまた味の深みが別格ですね。**体の中にしみ込みます**。
若林　ラジオでご一緒させていただき、私の作った料理を食べて、渡部さんはいつも、ご自分の言葉で感想をおっしゃるでしょう。それがうれしくて、バックストーリーも楽しくて、**喜びや勇気や元気を教えてもらう気持ち**になりました。

「渡部さんが番組でおっしゃったこと、いつも心に深く残ります。今日は作ったお料理にどんなコメントをいただけるのか、すごく楽しみです」

　フムスやレバーペーストと一緒にバゲットの薄切りと、サンドイッチも用意しました。
※サンドイッチのレシピは90ページ参照

渡部　サンドイッチも大好物です。どれから食べたらいいか迷いますね…。2種類ですね、じゃあこちらのサーモンから。パリッと切れてますね。おいしいです。一口サイズなので食べやすいですね。
若林　こっちは帆立です。サワークリームをはさんでいるからクリーミーで食べやすいと思いますよ。
渡部　サーモンと帆立というチョイスも絶妙ですね。魚介類を乳製品と合わせるというバランスは、知識からくるものなんですか？
若林　知識というよりも、イマジネーションかもしれません。私は帆立が大好きなんです。オクラと一緒にフードプロセッサーにかけて、しょうゆ味をつけて、おそうめんと食べるのもおいしいんですよ。
渡部　私のうちは「そうめん文化」なんです。父は島根、母は岡山の出身ですが、私は小さいころ、静岡で育ちました。伝統文化と食が共存して、その中にそばではなく、そうめんがありました。

　ここでしばらく関西から瀬戸内、島根に至る、おいしいもの話に花が咲きました。のどぐろでしょ、隠岐牛でしょ、岡山の祭り寿司でしょ…。

若林　今の暮らしでは、自分で身を粉にして（なっていませんが…笑）、お料理して食べていただいて、でも一度として嫌な思いはしたことがないんです。何て幸せな時間だろうと思います。私は生徒さんがいらっしゃるのを待つ立場ですが、渡部さんは、困難な場所へ自分から飛び込んでいかれる。本当にすごいことだと思います。
渡部　カメラマンとして、世界中で厳しい状況を目にしますが、半面、素敵な時間も過ごせます。家族のように思っている友人たちが、結婚して、子どもが生まれて、苦しんでいた人たちに新しい日常が戻ってくる、そんなニュースをもらうと、**今すぐ行って「おめでとう」と言いたくなります。**

渡部さんが深い感銘を受けたシャスール鍋保存の棚。絞り込んだ色でそろえた点にも興味が

撮影の3日後が渡部陽一さん40歳のお誕生日。スタッフと一緒に、いちごのケーキでお祝い

　トルコ、メキシコ、中国、この三国のお料理が、渡部さんは特にお気に入りだそうです。スパイスやチーズにも詳しい。そしてピザやハンバーガーなど、**ジャンクフードも大好き**だと、とてもうれしそうに教えてくれました。

若林　お忙しくあちこちに行かれますが、そんな中でお食事の時間はちゃんととれるんですか？
渡部　もちろんです。**食べる時間も眠る時間も、元気の源**ですから、体内時計に入っています。海外から戻ってきた時も、家の扉を開けるよりもっと前、スーツケースを受け取るよりも少し前、機内で「まもなく着陸です」という放送が流れて、シートベルトをカチャリと確認する時から、緊張感がふーっと抜けていく気がします。体内時計の時差確認です（笑）。

若林　その中でも和食はやはり特別ですか？
渡部　和食といえるほどではないですが、故郷に戻ると、**食卓の記憶がはっきり残っていて、非常にうれしくなります**。もうひとつの味の記憶は「お弁当」です。お弁当を包んでいた布の残り香に、ワクワクした遊びの記憶があります。お弁当ならではの独特のおかずを、布が包んで守っている気がします。たぶん小学校に入る前の記憶、すべての初心だと思いますね。
若林　おいしかったと思うものは、味はもちろん、**香りの記憶が鮮明に残るもの**ですね。
渡部　今日はここで、光り輝く**食卓の記憶が確実にまた作られました**。それからお鍋が並んだ棚、この収納は家に帰ってやってみようと思います。しっかり記憶に焼きつけましたから（笑）。

　心やさしい名言をたくさん残して、夕暮れの中、渡部さんはゆっくりと帰って行かれました。その後でほめていただいたお鍋の棚をながめ「そうだ！バゲットと一緒にと、クリームシチューも作ってあったんだ！」と思い出しました…。また今度、寒くなるころに、「シチューの会」をしよう！

my favourite 1

蒸しいためと シャスールの鍋

毎日欠かせないのがこのお鍋です。
人気の2種類の使い方をチェック。

ひとり海鮮鍋

材料　1人分
白菜の葉　3枚　　春菊　1/2わ　　長ねぎ　1/2本
えのきたけ　1/2袋　　えび　2尾　　帆立貝柱　2個
生鮭(切り身・3cm程度に切る)　2枚
わかめ(もどしたもの)　適量　豆腐　適量
A ┌ 塩　小さじ1/4　　水　大さじ2
　 └ グレープシードオイル　少々
だし汁　適量

作り方
1. 春菊は茎と葉に分け、ねぎは斜め切り、えのきたけは石づきを切り落とす。えびは背ワタを取って湯で洗い、少量の塩(分量外)をまぶしておく。
2. 白菜をサービングキャセロールに入れ、その上にえび、春菊、ねぎ、えのきたけをのせて、Aを加える。ふたをして2分間蒸しいためし、白菜以外は取り出し、えびは殻をむく。
3. 再度ふたをして、白菜をさらに2分ほど強火にかける。しんなりしたら、取り出して粗熱を取り、1枚にそれぞれえび、貝柱、鮭をのせて巻き、半分に切る。鍋に残った水分はとっておき、だしと合わせる。
4. 鍋に戻し、ほかの野菜、わかめ、豆腐をきっちり詰めてだし汁を注いで温める。

蒸しいためというオリジナル調理法を実践するために、厚手で熱効率のいいお鍋をいろいろ使ううち、4年ほど前に出会った「シャスール」という名前のお鍋。かわいい外見に似合わず仕事ができる！一つ一つ手作りの鋳物ホーロー製でふたの重みもあります。側面への立ち上がり部分に丸みがあるので、調理した素材を取り出すのも楽です。蒸しいために、シチューや煮込みに、ご飯にと、一緒にいる時間が長くなり、手放せないパートナーとなりました。
今年になって浅い丸型鍋「サービングキャセロール20cm」が日本でも手に入るようになりました。小ぶりなので扱いやすく、野菜も均等に火を通せます。手軽さを利用して、1人分のお鍋もよく作るようになりました。保温性がいいので、火にかけて食べるお鍋ではなく、あらかじめ火を通しておき、ゆっくり囲むお鍋向きです。だしのよく出る魚介なら、蒸しいためした野菜と一緒でおいしさ倍増。残った汁を利用した雑炊も、とってもおいしい。浅くて使いやすいので、リゾットを作るにも最適です。

「サービングキャセロール」なら1人鍋、リゾットもOK

しらすとひじきと枝豆のリゾット

←ダイニングの端に置いた棚に、シャスールをサイズごとに並べています。色はピンクとグリーンが中心、赤とイエローもひとつずつ持っています

しらすとひじきと枝豆のリゾット
材料 2人分
米 1合　しらす 大さじ2　ひじき 5g
枝豆 100g　酒 大さじ5　だし汁 500㎖
しょうゆ 少々
A ┃ 塩 小さじ1　水 大さじ4
　 ┃ グレープシードオイル 少々

作り方
1. 枝豆は洗って両端を少し切り落とし、サービングキャセロールに入れてAを加えてもみ込む。ひじきを枝豆と混じらないように入れてふたをし、強火で4分蒸しいためして取り出す。枝豆はさやから出し、ひじきは食べやすく切る。
2. キャセロールの粗熱が取れたら米を入れ、グレープシードオイル少々(分量外)を回しかけて中火にし、温まったら酒を注いで強火にする。
3. アルコール分がとんだら中火に戻し、だし汁を200㎖注ぎ、水分がすっかりなくなるまで中火で火を通す。だしを100㎖ずつ加え、全体の水分が少なくなったらひじきを入れる。
4. 水分がほんの少し残っている状態で火から下ろす。しらすをトッピングしてしょうゆ少々をたらし、上に枝豆を散らす。

最初に出会ってからずっと使っているのは丸型の「ラウンドキャセロール」です。大きく切った肉も、うまみを残してやわらかい仕上がりになるので、豚肉と皮付きのじゃがいもなど入れたポットローストはオーブンを使うことなく、火にかけておくだけ。私はいつも玉ねぎとキャベツ（もちろん大きく切るのがポイント！）を入れて、ローズマリーを1枝入れて、粒マスタードで香りをつけて仕上げます。このひと皿とワインとパンがあれば、おもてなしにもぴったりです。

和のおかずも上手に作れます。ここでは鶏肉にきのこと小松菜を組み合わせました。だし汁としょうゆで味つけするので、こちらはご飯にとてもよく合う味です。

問い合わせ先
ヴェーエムエフ ジャパン コンシューマーグッズ
www.chasseur.jp

豚バラ肉とキャベツのポットロースト

豚バラ肉とキャベツのポットロースト
材料 4人分

豚バラ肉(かたまり) 500g　玉ねぎ 1個
キャベツ(小) 1/2個　じゃがいも 2個
ローズマリー 1枝　白ワイン 1カップ
グレープシードオイル 大さじ1　塩 小さじ1
顆粒ブイヨン 小さじ2　粒マスタード 適量
A ［塩 小さじ1/2　水 大さじ3
　　グレープシードオイル 少々］

作り方
1. 豚肉は5cm角の大きめに切り、野菜も大きめに切る。
2. 肉にグレープシードオイル(分量外)をまんべんなくぬって鍋に入れ、弱い中火で表面が全体に白くなるまで焼いて取り出し、塩をふる。
3. 空いた鍋に野菜を入れ、Aを加えてふたをし、強火で3分蒸しいためする。肉を戻して白ワインを注ぎ、強火でアルコール分をとばして大さじ2の湯で溶いたブイヨンとローズマリーを加え、弱火に落として40分煮込む。火を止め余熱を通す。いただく前に再度温め、粒マスタードを添える。

ベーシックな丸型鍋「ラウンドキャセロール」なら、煮込みは自由自在

鶏ときのこのうま煮

鶏肉ときのこのうま煮
材料 4人分
鶏もも肉 2枚　エリンギ 4本　生しいたけ 4枚
小松菜 1/2わ　砂糖 大さじ2　酒 大さじ1
だし 1カップ　しょうゆ 大さじ3　実山椒 適量
A［塩 小さじ1/4　酒 大さじ3
　　グレープシードオイル 少々

作り方
1. 鶏もも肉は余分な脂と筋を除き、大きめの一口大に切り、グレープシードオイル(分量外)をまんべんなくぬる。縦に裂いたきのこ、ざく切りにした小松菜と一緒に鍋に入れる。Aを加えてふたをし、強火で3分蒸しいためする。小松菜は取り出す。
2. 砂糖と酒を加え、煮立ったら、だしを加え、沸騰直前にしょうゆと実山椒を加える。紙ぶたをして弱火で15分ほど煮込む。鶏肉がやわらかくなったら小松菜を戻して温める。

my favourite 2

ボダムの
グリーンとガラス

キッチンにテーブルに、いつもある
お気に入りのアイテムを紹介します。

オリーブオイル塩麹

セミドライミニトマトのマリネ　皮ごとにんにく
オリーブオイル

もともとグリーンは好きな色でしたが「ボダム」のライムグリーンを知ってからは、少しずつこの色を集めはじめ、キッチンコーディネートの中心カラーになりました。「ボダム　プレッソストレージジャー」は持ちやすいようにシリコン部分（ここがライムグリーン）がついています。毎日のように使っている「皮つきにんにくオリーブオイル」や「塩麹オリーブオイル」、このオイルを使った「セミドライトマトのマリネ」はこのプレッソストレージジャーが定位置です。

サロンのお茶の時間やデザート、サラダやスープにもよく使うのがボダムの「ダブルウォールグラス」です。

その名前のとおり、ガラス部分が2重になっているので、冷たさも温かさもキープしてくれます。右写真ではデザートに利用。真ん中の丸みのあるものが「パヴィーナ」、両端のスリムな形が「アッサム」という名前。この本の撮影でもよく使用しました。

問い合わせ先　ボダム ジャパン
www.bodum.com

皮ごとにんにくオリーブオイル（写真右）
材料　作りやすい基本量
にんにく（大）　1個
オリーブオイル　300mℓ　半量をグレープシードオイルにしてもよい
作り方
1. にんにくは、1片ずつ外し、外側の薄い皮だけむいて、根元の部分を残った皮が外れないように少しだけ切り落とす。
2. 小鍋ににんにくとオイルを入れて弱い中火にかけ、10分程度、根元の切った部分に焦げ色がついてくるまで加熱する。
3. 粗熱を取って、できればガラス製の保存容器に入れる。にんにくはそのまま食べてもよいし、蒸しいための時に入れても香りがよくなる。

オリーブオイル塩麹（写真右）
材料　作りやすい基本量
皮ごとにんにくオリーブオイル　200mℓ　　塩麹　大さじ4〜5
作り方
材料をフードプロセッサー、ハンディミキサーなどでよく撹はんさせる。

セミドライミニトマトのマリネ（写真中）
材料　作りやすい基本量
ミニトマト　40〜50個　塩　小さじ1
皮ごとにんにくオリーブオイル　200mℓ
作り方
1. ミニトマトは湯で洗ってへたを取り、横半分に切って、切り口を上にしてざるなどに並べ、塩をふって半日程度日にあてて干す。
2. 水分が7割がたとんでいる状態でガラス製の容器に入れ、皮ごとにんにくオリーブオイルを注いでマリネする。

キッチンは大好きな
ライムグリーンが中心

my favourite 3
スイスダイヤモンドのフライパン
低温でじっくり火を通す「岩盤浴」調理テクニックに注目！

豚ロース厚切り肉のソテーカカオバターソース

この本の中でも何回も登場した、肉や魚のソテー。普通は外側を強火で焼いてから中まで火を通しますが、私は最初から弱めの中火で時間をかけて焼きます。こうすると肉の雑味や余分な水分が出て、おいしさを逃がすことなく全体がやわらかい仕上がりになります。名づけて「岩盤浴ソテー法」。肉自身のデトックス効果を考えた方法です。こういうと最初は驚かれますが、試食していただくと皆さん納得されて「こんなにやわらかく焼き上がるんですね！」と言われます。

岩盤浴調理に必要なのは厚みのある樹脂加工のフライパン。私は「スイスダイヤモンド」のものを使っています。ポークソテーなら片面5分、裏に返して2分、余熱で3分、これでうまみじんわりのポークソテーのでき上がり！

「岩盤浴テクニック」はチャーハンにも利用できます。強火で鍋を大きく動かしてかき混ぜて作るのではなく、中火で鍋を動かさずに火を通します。鍋底も側面も厚いスイスダイヤモンドなら、ご飯や溶き卵を焦がすことなく、味のしみ込んだ、ほどよくパラッとしたチャーハンができます。

問い合わせ先　スイスジャパントレーディング
www.swissdiamond.jp/

豚ロース厚切り肉のソテーカカオバターソース
材料　2人分
豚ロース厚切り肉（2〜3cm厚さのもの）2枚　　バター　15g
グレープシードオイル　少々　　カカオパウダー　大さじ1

作り方
1. 肉は室温にもどし、脂身と赤身の間を筋切りし、グレープシードオイルをまんべんなく薄くぬる。
2. スイスダイヤモンドフライパン24cmに並べ、弱い中火にかけて、しみだしてくる水分をふき取りながら、肉の厚みの半分以上が白くなるまで5分ほどじっくり焼く。
3. ひっくり返して水分を丁寧にふき、1〜2分焼いて火を止める。3分ほどそのままおいて余熱で火を通し、取り出す。
4. バターを入れて溶かし、カカオパウダーを加えてよく混ぜ、ソースにする。

鍋振り厳禁チャーハン高菜漬けとじゃこ

肉が半分以上白くなったら返す

鍋ふり厳禁チャーハン高菜漬けとじゃこ
材料 4人分
米 2合　鶏・帆立貝柱顆粒スープ 各小さじ1　卵 3個
ねぎ油　大さじ5（長ねぎの青い部分やしょうがのぶつ切り、にんにくをじっくり煮て作る。なければ、市販のものか、グレープシードオイル）
塩 ひとつまみ　高菜漬けみじん切り　50g
ちりめんじゃこ　大さじ2
作り方
1. 米を洗ってスープの素をふり入れて混ぜ、同量の水で硬めに炊く。
2. フライパンにねぎ油大さじ2を熱し、塩ひとつまみを加えてよく溶いた卵を入れて縁がふわ～とわき上がってきたら勢いよくかき混ぜ、すぐ火を止め取り出す。
3. 炊きたてのご飯を①のフライパンに入れて、卵をのせてならす。ねぎ油大さじ2をまんべんなくふりかけたらそのまま中火にかけて、香ばしい香りがしてくるまで約3分、かき混ぜないでそのままおく。
4. 高菜漬けとじゃことねぎ油大さじ1を加える。ざっくり混ぜたら再度動かさないで3分火を通す。

ご飯に卵をのせて混ぜていく

my favourite

4

毎日の調味料

お料理の味を引き締めてくれる、
私のとっておき調味料を紹介します。

20年来よそ見しないで使い続けているもの、友人から教えてもらったもの……調味料との出会いはさまざまですが、「この味つけにはこれ」という流れは大体決まっています。扱い先を調べてネット通販で送ってもらうこともあります。大阪の実家に帰った時に、関西方面の調味料を買って帰ることもあります。中にはバルサモビアンコのように、長年の思いが募って、イタリアまで生産者の方を訪ねていったこともあります。今はインターネットでほとんどのものが手に入りますが、実山椒のように季節が限られているものもあります。料理の主役が食材とすると、調味料は助演俳優。これがすばらしいと主役も活きてきます。名監督は助演俳優の使い方が上手ですものね。

問い合わせ先
チェリーテラス　www.cherryterrace.co.jp
茅乃舎　www.kayanoya.com
鎌田商事　www.kamada.co.jp
寺岡家　www.veristores.com/teraokake
ヤマト醤油味噌　www.yamato-soysause-miso.co.jp
馬路村農協　www.yuzu.or.jp
山田製油　www.shop.henko.co.jp
キッコーマン　www.kikkoman.co.jp
コストコ　www.costco.co.jp/
味の素　www.ajinomoto.co.jp
風の仕業　www.kazenoshiwaza
オニザキ　www.gomagoma.net
石野味噌　www.ishinomiso/co.jp

※実山椒は季節商品になります。

グレープシードオイル

香りもクセもなくおだやかな風味なので、蒸しいためはもちろん、ドレッシングから揚げ物まで幅広く使えます。／UMBRO

EXオリーブオイル

いろいろ試してみてもやはりこれ！　という長年愛用の上質の逸品、フレスコバルディ・ラウデミオ。／チェリーテラス

ゆずの村

長年愛用、酸っぱすぎず、ほんのり甘みもあるぽん酢しょうゆ。バターと合わせた使い方に今、はまっています。／馬路村農協

ピリっとくるごまらあ油

ごま油そのものがおいしい山田さんが「こんなのが欲しかった」という逸品。うどんにしょうゆとこれだけも最高。／山田製油

天の橋立 オイルサーディン

このままでもこの上なくおいしいですが、蒸しいための野菜にのせてしょうゆをたらして…ワインにもぴったり。／竹中缶詰

実山椒

美しい色のまま保存されているので、味と香りのアクセントに、色味としていろいろな料理の仕上げに使えます。

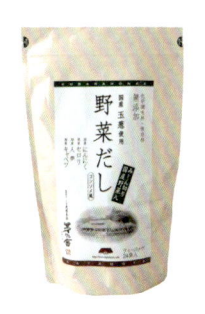

野菜だし

玉ねぎ、にんじんなど野菜の滋味があふれる和洋に使えるだし。袋のまま汁物に、袋から出して炊き込みご飯にも。／茅乃舎

だし醤油

私の主婦としての歴史とともにある愛用調味料。自家製を試みたこともありますが、このうまみにはかないません。／鎌田商事

牡蠣だし醤油

うまみをプラスするなら、オイスターソースより断然こちら。マヨネーズを合わせたり、レモンの酸味を足しても極上／寺岡家

いしるだし

いかやいわしの魚醤を上質なかつおだしで割った発酵調味料。ドレッシングから鍋まで幅広く使えます。／ヤマト醤油味噌

しぼりたて生しょうゆ

しょうゆは鮮度が命。仕事柄大量に買い置きしていましたが、今はこれをマメに買い足して使ってます。／キッコーマン

ローストガーリック

カリカリの食感と香ばしさのアクセント。サラダのトッピングに、自家製ラー油にしても。／コストコ・ホールフードジャパン

バルサモビアンコ

白ワインのように透明なバルサミコで、原材料はぶどうのみ。スッキリした酸味とうまみが引き立ちます。／チェリーテラス

干し貝柱スープ

中華だけでなく、和洋に使える上品で上質なだし。炊き込みご飯にもうってつけ。手軽さに助けられています。／味の素

白ごまの燻製

炒った上質のごまに燻香をプラス。シンプルな料理の仕上げにぴったり。このままでもつまみたいおいしさです。／風の仕業

つきごま

おもちのように杵でついたごま。香りは甘くて香ばしく、すりごまと比べ油分が出てしっとり感があります。／オニザキ

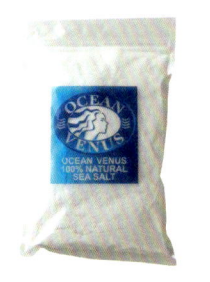

オーシャンヴィーナス

あれこれ塩を使い分けず、蒸しいためをはじめほとんどの料理にこれを使用。海水の天日塩でミネラル分豊富。

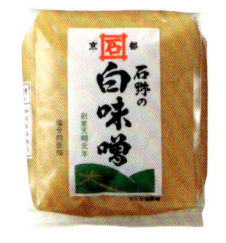

石野の白味噌

京都で長い歴史をもつ伝統の白味噌。こっくりした甘みが好きです。懐石用にワンランク上のものもそろえています。／石野味噌

my favourite 5

中沢三姉妹でブランチ

サンドイッチにお料理に大活躍の3素材。かわいい名前でしょ？

うちの冷蔵庫で、とてもいい指定席をキープしている中沢のクリーミーな3素材。「ゴルゴンゾーラチーズブレンド」を長女・ゴラ子、「サワークリーム」を次女・サワ子、「クロテッド」を三女・クロ子、と（勝手に！）名づけて「中沢三姉妹」と呼んでいます。サンドイッチにお菓子に朝ごはんに、利用範囲はとても広く、お料理にもよく使います。この呼び名は生徒さんにも浸透して「昨日ゴラ子をパスタに使ってみました！」etc.と報告されます。三姉妹は活躍の場を広げています。

問い合わせ先　中沢フーズ
www.nakazawaonline.com

かぼちゃとゴラ子のディップ
材料
かぼちゃ　250g（約1/4個）
中沢ゴルゴンゾーラチーズブレンド　50g
A［塩　ひとつまみ　水　大さじ4
　　グレープシードオイル　少々
バルサモビアンコ　大さじ1　　アーモンド　10粒
作り方
1. かぼちゃは洗って種を除き、皮を切り落として薄切りにする。鍋に並べてAを加えてふたをし、強火で2分蒸しいためする。
2. 取り出して容器に入れ、バルサモビアンコ、ゴルゴンゾーラチーズスプレッドとともに、ハンドプロセッサーでよく撹はんする。
3. アーモンドを粗みじんに刻んだものをトッピングする。

レモンサワークリームとスモークサーモンのサンドイッチ
材料
中沢サワークリーム　100g　　レモン汁　小さじ2
スモークサーモン　約150g　　ディル　適量
サンドイッチ用食パン　1斤
作り方
1. サワークリームとレモン汁をよく混ぜておく。
2. パンにぬってスモークサーモンを広げて敷く。ディルをのせて、片面に①をぬったパンではさむ。帆立サンドと同様にして切る。

帆立サワ子サンドイッチ
材料
帆立貝柱（缶詰）140g　　レモン汁　小さじ2
中沢サワークリーム　100g　　きゅうり　1本
ケイパー　大さじ1　　サンドイッチ用食パン　1斤
作り方
1. 缶汁をきった貝柱とサワークリーム、レモン汁をよく混ぜ合わせる。
2. きゅうりは厚さ2～3mmの薄切りにする。ケイパーは粗みじん切り。
3. パンに①の1/6量をぬり、きゅうりを並べ、ケイパーを散らして、パンを重ねる。できれば濡らして軽く絞ったキッチンペーパーにくるみ、2つずつ重ねて軽いまな板などの重しをしておく。
4. きゅうりの切り口がきれいに見えるようにカットする。

ごぼうのスープ　クロ子風味
材料
ごぼう　100g　　玉ねぎ　20g
A［塩　小さじ1/4　　水　大さじ3
　　酢　小さじ1
チキンスープ　300mℓ　　中沢クロテッドクリーム　大さじ1
スプラウト　適量
作り方
1. ごぼうは湯で洗って軽く皮をこそげ、斜め薄切りにする。玉ねぎも薄切りにする。
2. 鍋に入れてAを加えてふたをし、強火で2分蒸しいためする。
3. チキンスープを注ぎ、ごぼうがやわらかくなるまで煮て、クロテッドクリームを加え、ミキサーやハンディプロセッサーでなめらかになるまで撹はんする。
4. 温めて器に注ぎ、スプラウトをあしらう。

個性派の3素材で午後のおいしい時間

かぼちゃとゴラ子のディップ

レモンサワークリームと
スモークサーモンのサンドイッチ

帆立サワ子
サンドイッチ

ごぼうのスープ　クロ子風味

my favourite 6
レヴォルのカップとミニチュア皿

きれい色のカップと白いミニチュア。
パリで出会った思い出の器です。

紙コップをギュッとつぶしたような独特の形の器に出会ったのは、3年前のパリでした。初めて見る形、手になじむ触感、なんともいえないきれいな色。全色買いたいと目を輝かせる私に、一緒にいた娘が「そんなに持って帰れないでしょ」とクールにアドバイス。悩んで選んで4つだけ買いました。戻ってから問い合わせをして、「レヴォルフロワッセ」という名前を知り、同じレヴォルに「ミニチュア」という名前の、一口サイズの前菜やデザートにぴったりの小さな白い器があることも知りました。ソースパン、シェル型、ふたつきシチューポット型などあるので、違うデザインを組み合わせると、食卓がとてもにぎわいます。

フロワッセカプチーノ・カップでそのままパン

フロワッセカプチーノ・カップで
そのままパン
材料　フロワッセカプチーノ8個分
強力粉　400g
インスタントドライイースト　小さじ2
ぬるま湯　200ml
卵　1個
グラニュー糖　大さじ1
塩　小さじ1
オリーブオイル　30ml
くるみ　20g
ベーコン（薄切り）　50g
卵黄　1個分
アンチョビ　2枚
モッツアレラチーズ　50g

作り方
1. ベーコンは5mm角に切り、弱火にかけたフライパンで動かさずに脂をふきながら炒め、カリカリにする。アンチョビは細かく刻む。モッツアレラは6mm程度の角切りにする。くるみは粗みじんに刻む。
2. フードプロセッサーに、ぬるま湯、グラニュー糖、卵、イーストを入れ、よくかき混ぜたら強力粉の1/3を入れて混ぜ、塩を加え、残りの強力粉とオリーブオイルを加えて混ぜる。ひとかたまりになったら3分間、一気に混ぜる。
3. 半量に分けて、一方はベーコンとアンチョビを加え、もう一方はモッツアレラとくるみを加え、それぞれを大きい密閉容器やボウルなどに入れ、2.5倍になるまで室温において発酵させ、軽くガスを抜きながら取り出してひとまとめにする。
4. 8等分に切り分けてラップをかけて5～10分（ベンチタイム）ほどおいておく。
5. 手で軽く押さえてガス抜きしてから丸く成形し、天板においたフロワッセに入れ、乾燥しないように大きなビニール袋にすっぽり入れるかふたになるようなもので覆い、2次発酵させる。
6. 2倍くらいになったら表面に卵黄を少量の水でのばしてぬり、200℃のオーブンで15分焼く。

テーブルにおいしさと
さわやかさを運びます

チェックのカップを使って、冷たいデザートタイム。グリーンチェックはトマトのグラニテ、オレンジチェックはマンゴーのデザート（P104参照）。

「レヴォル フロワッセ」のカップは、大きさによって「カプチーノ180cc」と「エスプレッソ80cc」の2種類があります。無地のほか、今年はかわいらしいチェック柄も出ました。うちには全部そろっています！「フロワッセ」シリーズは、冷たいものも熱いものもOK、冷凍庫からオーブンまで対応できるので、前のページではカプチーノカップでプクッと丸くふくれたパンを、ここではエスプレッソカップでトマトのグラニテを作りました。どちらもいつもの型で作るよりもずっと個性的で愛らしいデザートになります。

問い合わせ先
ヴェーエムエフ ジャパン コンシューマーグッズ
www.revol.jp

フロワッセ エスプレッソで
トマトのグラニテ
材料　フロワッセカプチーノ4個分
トマト（完熟）　2個
バルサモビアンコ　大さじ2
A ┌ 塩　ひとつまみ
　│ グレープシードオイル　少々
　└ 水　大さじ2
ミント、バジルなどの葉（飾り用）　適量
作り方
1. トマトはへたの部分をくりぬき、火にかけていない鍋に入れ、Aのうち塩とオイルをくりぬいた部分に入れ、水を鍋底に入れてふたをし、強火に2分弱かけて蒸しいためし、取り出して皮をむく。
2. 冷めたら横半分に切り、種を取り出し、フードプロセッサーにバルサモビアンコとともに軽くかけてつぶす。
3. バットなどに広げて冷凍庫で冷やし固める。固まりそうになったらフォークなどでかき混ぜることを2〜3回繰り返す。

北鎌倉のサロンから

私の家の長いテーブルを、8名の生徒さんが囲んで、ボアメーザのお食事タイムの始まり…。
その前に乾杯しましょうね みんなの健康と幸せに!!

季節感あふれる前菜盛り合わせから
今日のストーリーは始まります

ボアメーザを生徒さんが訪れるのは3カ月に一度、ひとつの季節に1回です。
お迎えする私の顔をみるなり「待ち遠しかった！」を言ってくださる時の喜び。
前回とはガラリと変わったメニューとテーブルスタイリング、インテリア、季節のおもてなし…
いろいろな思いを込めて、この空間を作り出したストーリーをお話しします。
そんな思いがギュッと詰まっているのが、前菜プレートです。

D F

E

鎌倉と大船という大きな駅の間に、長いホームの端に出口がひとつだけの北鎌倉という小さな駅があります。駅の前には鎌倉五山の円覚寺、縁切寺の名前でも知られる東慶寺があり、四季折々の自然と静けさと、ゆっくり流れる時間もあります。

駅前通りからの急な坂を上ったところに、私の住まい、boa mesaがあります。サロン開始の11時が近くなると、1人また1人と生徒さんがいらっしゃいます。「こんにちは。ようこそ」これはいつもの言葉です。「寒かったでしょう。雨は大丈夫でしたか？」こんな気候の挨拶は「だいぶ暖かくなりましたね」「暑かったでしょう。中は涼しくなっているからどうぞ」そして時には「すごい風だけど、坂の途中で飛ばされなかった？（笑）」と日々変わります。皆さんがそろったら、ソファにかけていただいてwelcome tea。きれいな缶に入った紅茶、中国茶や日本茶やハーブやスパイスのお茶、寒い日は体が温まるものを、暑い日は、口当たりよく気持ちがやすらぐ1杯のグラスを。

お茶をいただきながら、その日のメンバーを私が皆さんにご紹介します。私は生徒さんをすべてファーストネームで覚えています。最初はファーストネームで呼ばれることに戸惑う方もいらっしゃるけれど、これがボアメーザ流。私は皆さんの顔を見てホッとし、生徒さんは名前で呼ばれることで「私のこと、覚えててくれはったんや（なぜか関西弁）」と安心されるようです。これで皆さんすぐに打ち解けて、笑顔の絶えないレッスンの始まりです。その日のテーブルコーディネートの説明をしてから、キッチンへ移動。プロセスや独自の調理法やこだわりなどを力説する「デモンストレーションタイム」です。何を作ったのか、という結果を報告するのではなく、どうしてこれを選んだのか、どうしてこういう方法を思いついたのか、必ずそこにある「ストーリー」をお話しするようにしています。前菜はこれから始まるお食事のプロローグ。この日のテーブルに集まってくださった皆さんに楽しんでいただける、物語の幕開けです。

「おいしかった」「ごちそうさま」
この言葉が私の幸福と元気の源です。

96〜97ページに写真が6枚あります。これは6つの季節のレッスンで出した前菜です。それぞれにストーリーがあります。

写真Aは「和モダン」と名前をつけました。白い磁器のプレートに白い小さなお重箱、中に入れたのは「さつまいものきんとん ゴルゴンゾーラ風味」「アボカドザーサイ和え」「サーモンの和風リエット」、手前にあるのは「クリームチーズのみそ漬け」お箸置きを器として使っています。テーブルクロスは、エプロンの生地の柄を切り取って、合皮のクロスに貼り付けたものです。フレームや掛け軸、花器も手作りしました。写真Bはその前の年の「和モダン」です。「かぶの蒸しためクリームチーズみそ」「しいたけと鶏ささみと水菜のごまだれ」大好きなスモークサーモンは、蒸しためしたじゃがいもにゆずの香りをつけて、手まりずし風に包んでみました。どちらも素材や味つけや香りに和を意識しながら、ヴェネチアングラスを使ったり、プレートと同じ形のマットを作ったり、和風味になりすぎないようにしています。

写真Cは、クリスマスのプレートです。海外でひと目ぼれ、忘れられなくて個人輸入したプレートを使い、ミニチュアのシェル型皿に「ポレンタのフリット 生ハムロール」、ふたつきのミニチュアココットには「カリフラワーとトマトのスープ」、ショットグラスに「ツナとにんじんのヴェリーヌ」を入れました。写真Dはチャイニーズ、春キャベツがおいしい時期に、クリームチーズと合わせて春巻きに使ってみました。蒸しためしたきゅうりに、しょうがと甘酢、熱々のごま油をかけて漬け込んだ「きゅうりのコルニション・シノワ」は小皿に入れて、ボルドーのリムが美しいガラス皿にのせます。

写真Eはスペインタパス。「トルティーリャ」「アボカドのガスパチョ」「たこのピンチョス」…勢い止まらず、タパス7品に。「スペイン祭り」という名前にしました。

写真Fのストーリーは「カレーの日の前菜」。涼やかなガラスプレートを2枚重ねて柄を見せるように、マンゴージュレの色をプラス。ちょっと控えめなひと皿になりました。

お好み焼きやチャーハン、
こんな定番メニューも人気です。

前菜の後は、メインになるひと皿と、パスタやリゾット、おうどんなどが続きます。
前菜はおもてなし用、非日常を感じていただける入り口ですが、
メインはおうちでも親しんでいる定番物を、でもボアメーザ風にグレードアップさせたもの、
こだわったもの、でもおうちですぐに試していただけるものをご紹介しています。
主食には時々、チャーハンやお好み焼き（ナニワンヌやで！）や
スパイスにこだわった、カレーが登場することもあります。

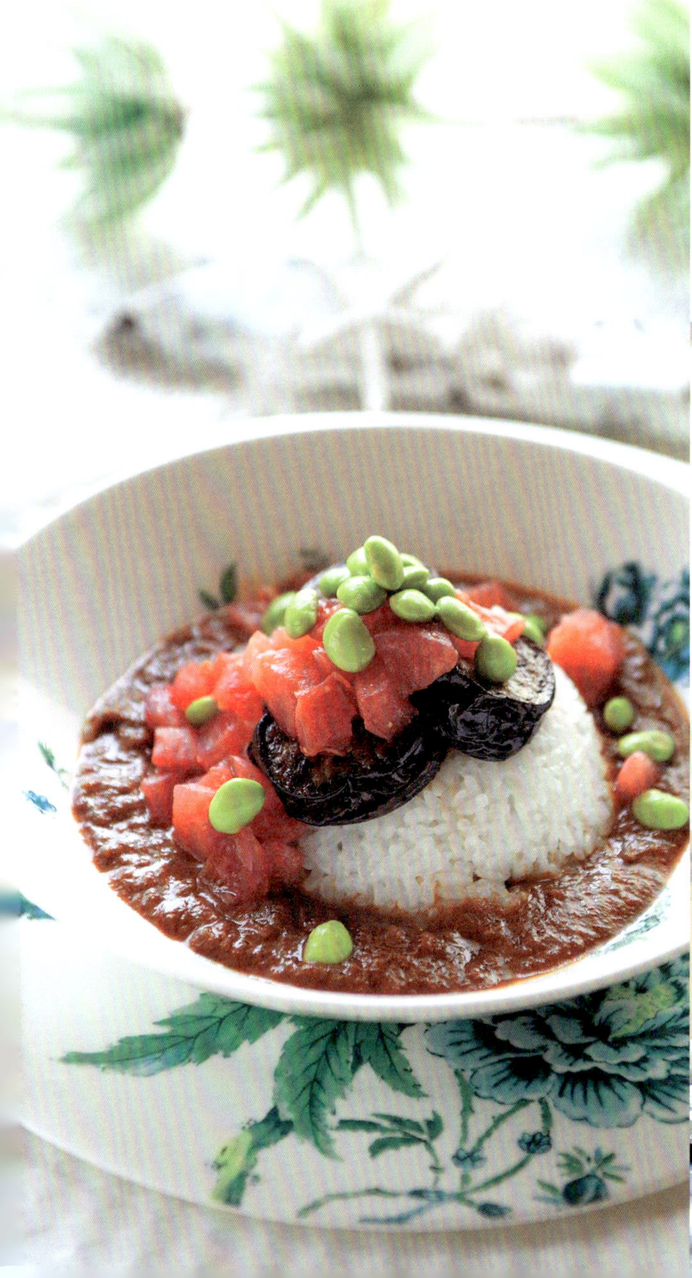
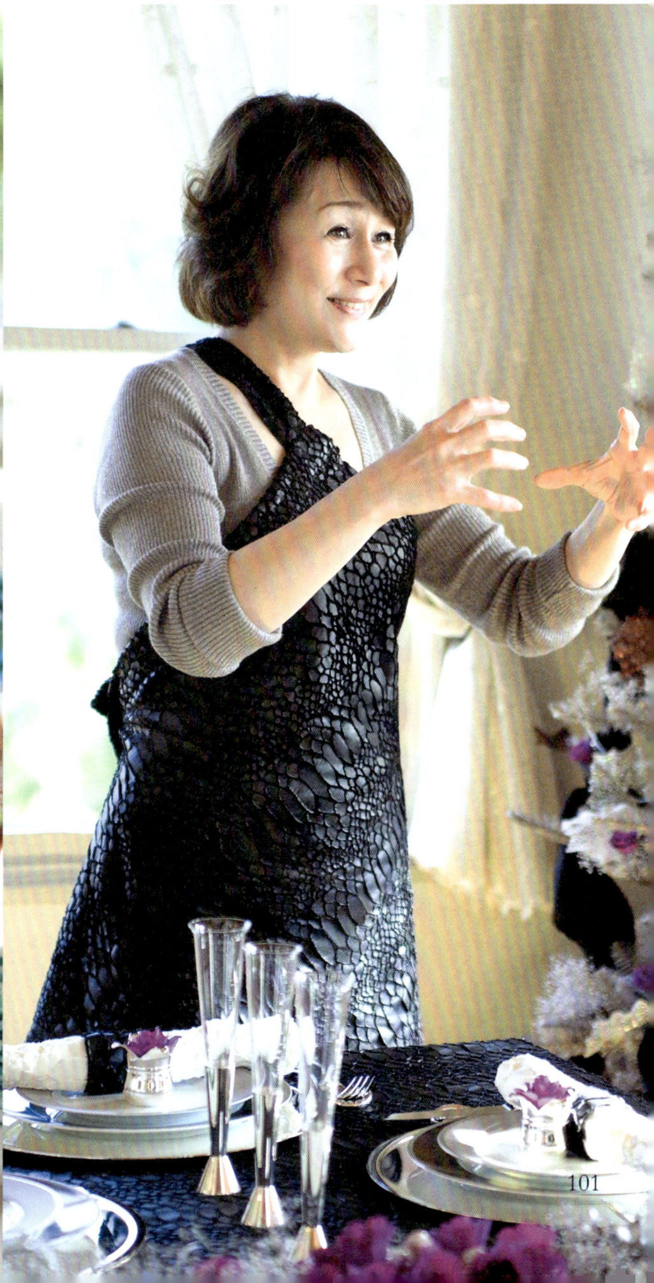

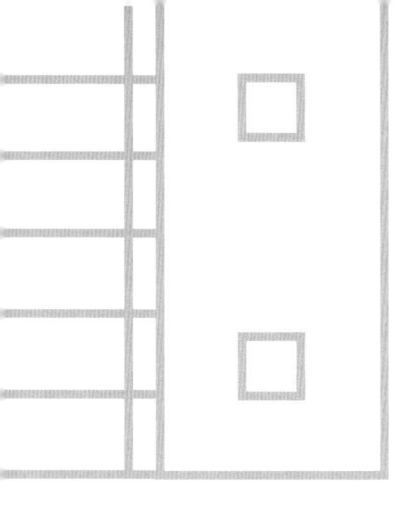

なじみのある定番メニューだけに、私なりのアイデアを入れています。素材の選び方、いつもとはちょっと違う味のつけ方、だしや調味料の使い方、そして盛り付けのアイデア…、このちょっとしたこだわりを見るために、生徒さんはキッチンに移動します。丸いキッチンツールをギュッと詰めて座って、文字通り近い距離の対面レッスンです。皆さん、レシピに細かくメモを取り、デジカメや携帯で写真を撮り、真剣そのもの。緊張感も大切ですが、ドッと笑い声が上がるようなギャグを言うこともあるし、食材について身ぶり手ぶりを入れて熱く説明することもあります。

　プロセスの流れだけでなく、howやwhyをできるだけ解決したいと私は思っています。「よくわからないけど、三弥子先生がそうしなさいって言ったから」というのではスッキリしないでしょう（私が生徒の立場なら、きっとスッキリしないから！）。納得できるプロセスなら、それを基本にして、いろいろ発展していくと思います。

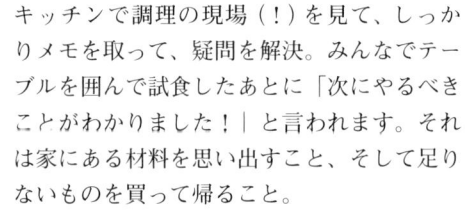

　キッチンで調理の現場（！）を見て、しっかりメモを取って、疑問を解決。みんなでテーブルを囲んで試食したあとに「次にやるべきことがわかりました！」と言われます。それは家にある材料を思い出すこと、そして足りないものを買って帰ること。

　それぞれのお宅で、このレシピがどんなふうに食卓に並んでいるのか、「うまくできたかな？」「おいしく食べてもらえたかしら？」とハラハラ、わくわく想像するのも、レッスン後の楽しみです。家の食卓の様子をさっそく写真に撮ってメールで送ってくださる方もいます。皆さん、器選びや盛り付けに個性があります。それを囲む家族やお友だちの笑顔も一緒にあって、私はまた「よかったあ」と、感謝の気持ちに包まれます。

　では「いつものおかずboa mesa風」を、みてみましょう！　ここでご紹介するのは、お好み焼きとあんかけチャーハンと、スパイスカレーです。くり返すようですが、私は浪花の生まれナニワンヌです。だから3点のうち、お好み焼きがヒイキです！

ひとつだけでも「ていねいな味」を作る それが定番おかず boa mesa 風

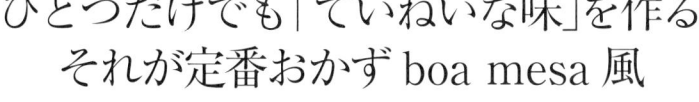

小さい頃から慣れ親しんできたお好み焼きは、キャベツが定番ですが、冬場は白菜のほうが断然おいしい。たっぷりの青ねぎも地元の味です。白菜は3時間〜半日干して、フードプロセッサーにかけるか細かく刻んで混ぜるのがポイントです。

分量は、小さめ6枚分として、白菜は1/4株、生しいたけ3個、青ねぎ1/2わがめやすです。ボウルに米粉120g、塩小さじ1、だし汁200ml、長芋のすりおろし大さじ2を合わせて、1人分50gずつに分け、100g程度の刻んだ野菜を加えます。よく混ぜたらそれぞれに卵1個を加えて混ぜて生地のでき上がり。フライパンかホットプレートに豚バラ薄切り肉2〜3枚を並べて焼き、色が変わったら生地を流します。干しえび適量を散らし、ふたをして強火で3〜5分、ひっくり返して、ふたをしないで3〜5分焼きます。ソースの材料はマヨネーズ150g、牡蠣だししょうゆ50ml、マスタード小さじ1。焼き上がりにたっぷりかけます。その上に、青のりと青ねぎとごまもたっぷりと。

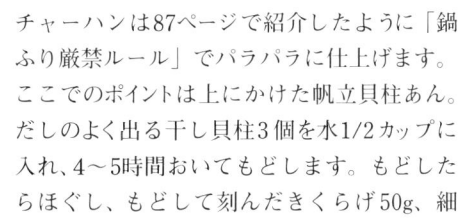

チャーハンは87ページで紹介したように「鍋ふり厳禁ルール」でパラパラに仕上げます。ここでのポイントは上にかけた帆立貝柱あん。だしのよく出る干し貝柱3個を水1/2カップに入れ、4〜5時間おいてもどします。もどしたらほぐし、もどして刻んだきくらげ50g、細切りにしたたけのこの水煮を小鍋に入れて、油少々をふり、中火で1分炒めます。鶏ガラスープの素小さじ2、帆立貝柱スープの素小さじ1、貝柱のもどし汁に水を加えて2カップを加えます。ひと煮立ちしたら火を弱め、片栗粉大さじ2を水大さじ4で溶かしたものを加えてとろみをつけます。しょうゆ少々で味をつけます。

貝柱つながりで(?)カレーには帆立の缶詰を使います。ソースはGABANのスパイスセットを半量。中火でよく混ぜながら炒め、にんにくやしょうがのすりおろし、グレープシードオイルを使ってソースを作ります。トマトソースの材料は缶詰と市販の玉ねぎスープ。中に入れる野菜、なすや枝豆やトマトは、もちろん蒸しためをしておいしく仕上げます。

おかえりマンゴーの
おかえりゼリー

干し柿と粒あんの
クラフティ

ムース・オ・ショコラ

ポルボロン＆ブルーベリーの
ヨーグルトアイスクリーム

おかえりマンゴーの
おかえりゼリー

お菓子は難しいものではなく、食事のあとでちょっと食べたいな、と思うものがほとんどです。サロンで紹介するものは材料が3カ月の間、手に入らないといけないので、フルーツを使う場合も、そのあたりに気を配ります。
季節を問わずに作れるように、フレッシュマンゴーではなく、ドライマンゴーを使います。口当たりをよくするために、ヨーグルトに入れて一晩おき、やわらかくします。ドライマンゴーがヨーグルトに加わって取り出した時には、フレッシュのようにやわらかい食感になっているので、「おかえりマンゴー」と勝手に（？）呼んでいます。
上にはタピオカを少しのせます。

材料（作りやすい基本量）
ヨーグルト　400ml
ドライマンゴー　100g ＋飾り用　適量
牛乳　200ml　板ゼラチン　8g
タピオカ　適量　コアントロー　小さじ1
はちみつ　少々

作り方
1. ヨーグルトにドライマンゴーを入れ、冷蔵庫で一晩おく。飾りに使う分は、ガーゼでくるみ、ヨーグルトが直接つかないようにしておく。
2. 飾りのマンゴーだけ引き上げ、残りをフードプロセッサーかミキサーに入れ、牛乳と水でふやかして溶かしたゼラチン、コアントローも加えてピュレ状にする。器に入れ冷蔵庫で固める。
3. タピオカはたっぷりの沸騰した湯で透明になるまで15〜20分間ゆで、冷水にとって水気をきり、少量のはちみつであえる。
4. 固まったゼリーを再度フードプロセッサーにかけて、とろとろの食感にする。
5. 器に盛り、飾り用のマンゴーを5mm角に切ったものとタピオカをトッピングする。

卵と砂糖、粉と牛乳と生クリーム、身近な材料を混ぜ、型に流して焼くのがクラフティです。お店で見ると下にタルト生地を敷いたものもありますが、私はその中身の軽くてやわらかいところだけをカップやココットに入れて焼きます。加えるフルーツとしてベリーやプルーンやレーズンをよく使いますが、季節に合わせて、ここでは干し柿で作ってみました。クラフティのやわらかい生地と一緒に食べやすいように、干し柿はキッチンばさみで切ってから型に入れます。飾りは上に缶詰のゆで小豆をのせるだけ。小豆、卵とクリームが香る生地、中から干し柿…、3つのおいしさが重なる、サロンでも大人気の、自慢のデザートです。

材料（80mlのカップ10個分または直径10〜12cm程度のココット2個分）
卵　4個　グラニュー糖　100g
薄力粉　30g　牛乳　100ml
生クリーム　100ml
バター　適量　干し柿（小さめのもの）　2個
ゆで小豆（缶詰）　大さじ2〜3

作り方
1. ボウルに卵をほぐし、グラニュー糖と薄力粉をよく混ぜ合わせたもの加え、さらによく混ぜる。牛乳と生クリームも加え、泡立てないように混ぜる。
2. バターをぬったココットに、干し柿をはさみで切りながら入れ、①を型の八分目まで流し入れる。
3. 180℃のオーブンに入れて約30分焼き、表面が固まったらゆで小豆を散らしてさらに5分焼く。

干し柿と粒あんの
クラフティ

ムース・オ・ショコラ

みなさんが大好きなチョコレートのお菓子、中でも不動の人気のムース・オ・ショコラを、おいしく作りやすく、いつでも失敗なくできるようにと考えて、いろいろ試作の結果、(ついに!)生まれたレシピです。製菓用チョコレートのカカオ分は60%以上、生クリームは1パック200ml、お砂糖は少なめ。口当たりを少し軽くし、甘さだけが残らないように、サワークリームを少し混ぜます。ムースはあまりたくさん量がなくてもいいと思うほうなので、小さなカップ6個分の量です。上の飾りにクリームは使わないで、さっと空炒りしたピーカンナッツを1個のせてみます。もっと食べたい方は、1人で2つ食べてね(!)。

材料(80mlのカップ6個分)
製菓用チョコレート(カカオ分60%以上がよい) 100g
生クリーム 200ml 粉砂糖 15g
サワークリーム 50g
ブランデーまたはリキュール 小さじ2
ココア・粉砂糖 各適量
ピーカンナッツ(あれば) 適量

作り方
1. チョコレートは削って湯せんにかけて溶かし、50℃くらいまで冷ます。室温にもどし、なめらかに練っておいたサワークリームとよく混ぜ、リキュールを加えて静かに混ぜる。
2. 生クリームと粉砂糖をボウルに入れ、氷水にあてながら六分立てにする。①に加えて混ぜる。チョコレートが固まらないよう、なめらかになるように注意する。器に入れ冷蔵庫で冷やす。
3. ココア、粉砂糖を茶こしを通してふるう。あれば空炒りしたピーカンナッツをあしらう。

「ポルボロン」というのは聞きなれない名前だと思いますが、スペイン、アンダルシア地方生まれのお菓子です。クリスマスシーズンには欠かせないお祝いのお菓子で、一年の終わりにこれを食べると幸せがくるとか。薄力粉とアーモンドプードルをフライパンで空炒りして使うのが特徴で、ポロッとくずれるような軽い食感がうれしい。

材料(直径6cm程度の浅めの型6個分)
薄力粉 100g アーモンドプードル 60g
A ┌ サワークリーム・ヨーグルト・冷凍ブルーベリー 各120g
  └ グラニュー糖 80g
バター 100g 粉砂糖 50g
シナモンパウダー 少々
粉砂糖(仕上げ用) 少々

作り方
1. Aをすべてフードプロセッサーにかけてピュレ状にする。器に入れて冷凍庫で冷やし固める。
2. ポルボロンを作る。フライパンに薄力粉とアーモンドプードルを合わせたものを入れ、弱火に20分ほどかけて、乾燥焼きする(100℃くらいに温めたオーブンに入れてもよい)。
3. フードプロセッサーに、バター、粉砂糖、②、シナモンパウダーを入れ、しっとりするまで回す。
4. 取り出して、ラップにのせ直径3cmほどの棒状にする。冷蔵庫で1時間ほど休ませる。
5. 切り分けてよくもみ、コロコロとした直径2cm程度の球状に丸める。天板に並べて150℃~160℃のオーブンで17~20分焼く。冷めたら仕上げに粉砂糖をふる。①が固まったら添える。

ポルボロン&ブルーベリーのヨーグルトアイスクリーム

抹茶と黒豆のムース
黒みつホイップ添え

ゆずピールの
パウンドケーキ

抹茶と黒豆のムース 黒みつホイップ添え

抹茶と黒豆、豆乳にきび砂糖、黒みつ…という和の味をコンパクトに詰めたデザートです。抹茶と豆乳で生地を作り、飾りは黒豆の甘煮、黒みつを生クリームの甘味として使い、一緒に泡立てて飾ります。和風のデザートですが、サロンでは細めのグラスに入れておしゃれに。テーブルクロスの共布で作ったコースターの色使い、塗りのお匙。冬に冷たいデザートでもあたたかな演出です。

材料（75mlのグラス6個分）
卵黄　2個分　　きび砂糖　10g
豆乳　100ml＋小さじ2　　抹茶　2g
きび砂糖　15g　　板ゼラチン　2g
黒豆の甘煮　適量　　生クリーム　75ml＋100ml
黒みつ　大さじ2

作り方
1. 鍋に豆乳を入れ、弱火で温める。小さなボウルに抹茶ときび砂糖15gを入れてよく混ぜ、温めた豆乳を小さじ2加えて溶いておく。ゼラチンは冷たい氷水の中でふやかす。
2. ボウルに卵黄ときび砂糖10gを入れてよくすり混ぜ、温めた豆乳を少しずつ加えてよく混ぜる。①で溶いた抹茶を加え、よく混ぜたら鍋に戻し、弱火でゆっくり火を通し、ギュッと絞ったゼラチンも加えて混ぜたら火から下ろす。粗熱を取ったら氷水にあてて冷やし、とろみをつける。
3. 生クリーム75mlを泡立て、②と同じとろみ(七分立て)になったら、2度に分けて②に混ぜる。
4. 器に流し、黒豆を3粒程度加え、冷蔵庫で冷やす。生クリーム100mlに黒みつを加えて泡立て、抹茶ムースの上に絞り出して二層にする。黒豆をトッピングする。

クリスマスの食卓にはごちそうがたくさん並ぶことが多いので、デザートは残っても置いておけるもの、お持ち帰りしていただけるものを意識して作ります。

材料（18cmのパウンドケーキ型）
卵(L)　2個　　無塩バター　120g
A［きび砂糖・グラニュー糖　各60g
薄力粉　120g　　ゆずピール　25g
生クリーム(35〜36%)　100ml
グラニュー糖　小さじ1　　グランマニエ　小さじ2
ゆずの皮(フリーズドライ)　少々

作り方
1. 薄力粉はふるう。バターは湯せんで溶かしておく。型に溶かしバター（分量外）をぬり、冷蔵庫で冷やし、薄力粉（分量外）をふっておく。オーブンは170〜180℃に温める。
2. 鍋に湯を沸かして70℃程度に冷まし、卵を割り入れほぐしたボウルをかけて湯せんしながら、Aも加えよく混ぜる。卵の温度が40℃くらいになったら湯せんから外し、ハンドミキサーの高速で5〜6分間、もったりとして、持ち上げて落とした生地の跡がはっきりと残るくらいまで泡立て、ミキサーを低速に変えてこまめに動かしながらキメを整える。
3. 溶かしておいたバターを加え、底から持ち上げるようにゴムべらで大きく混ぜる。
4. ふるった薄力粉を加え、ゴムべらで底からすくってはふるい落とすように混ぜていき、粉が見えなくなるまでよく混ぜる。ゆずピールを混ぜ込み、型に流し入れる。
5. オーブンに入れ、45〜50分焼いて、中央にテスターか竹串などを刺してみて、何もついてこないようなら焼き上がり。型から外し、冷める前にラップなどで覆い、冷ます。
6. 生クリームにグラニュー糖小さじ1とグランマニエを加えて八分立てにする。切り分けて器に盛ったパウンドケーキにとろりとかけ、フリーズドライのゆずの皮を散らす。

ゆずピールのパウンドケーキ

two more recipe

パルミジャーノのクリームブリュレ

この本の中のページで紹介したもののうち、ページスペースの関係で(写真を大きくしたかったため)、入らなかったレシピが2つあります。生徒さんから大好評なものなので、ここでレシピを紹介しますね。最初は93ページのミニチュア皿に入れた「クレームブリュレ」。まずカソナード(精製していないブラウンシュガー)の甘みが、次にカリカリにしたベーコンとパルミジャーノの塩気がお口の中に広がって「甘じょっぱい！」の歓声が上がります。この一品を作りたくて、バーナーを買いましたという生徒さん続出。

材料 ミニチュアクリームブリュレ8皿分
　　　　(通常のブリュレ皿4枚分)
牛乳　50mℓ
パルミジャーノ(おろしたもの)　15g
生クリーム　100mℓ　塩　ひとつまみ
卵(全卵1個＋卵黄1個分)
こしょう　少々　ベーコン　20g
カソナード　適量

作り方
1. ベーコンは5mm角に切り、弱火にかけたフライパンで動かさずに脂をふき取りながら炒めてカリカリにしておく。
2. 牛乳を温め、沸騰直前にパルミジャーノを加えて火を止める。よく混ぜて、生クリームと合わせる。
3. 卵、塩、こしょうをよく混ぜ、②を2回に分けて加えて混ぜ、目の粗い茶こしなどでこす。
4. 容器に注ぎ、ベーコンを散らす。100℃のオーブンで20〜25分ほど焼き取り出す。
5. カソナードをふり、バーナーで焦げ目をつける。

渡部陽一さんがいらした際にお出しして、とても気に入っていただいたレシピです。渡部さんもおっしゃっていたように、海外にはよくありますが、日本だとなかなか思う味を手に入れることが難しいので、何度も試作して、鶏レバーにベーコンを混ぜたものをベースにしました。バゲットにぬったり野菜に添えたり、食べ方はいろいろ。手間はかかりますが「作ってよかった！」と自信をもっていえる味に仕上がりますよ。

材料（作りやすい分量）
鶏レバー　500g　　ベーコン　50g
玉ねぎ　100g　にんにく　5g
セロリ　10g　　白ワイン　50mℓ　バター　50g
ケイパー　大さじ1　　マスタード　小さじ1
オリーブオイル　大さじ1　塩　適量

作り方
1. 鶏レバー(ハツの部分は除く)は流水でよく洗って水気をきり、脂肪、血のかたまりなどがあったら取り除く。ベーコン、玉ねぎ、にんにく、セロリは薄切りにしておく。
2. レバーをフライパンに並べ、弱めの中火で火入れし、しみ出してくる透明な水分(アク)を丁寧にふき取って塩ふたつまみをふり、取り出しておく。
3. そのフライパンに、ベーコンと野菜を入れ、オリーブオイルと塩ひとつまみをかけて中火にかけ、動かさずに炒める。
4. そこへ、レバーを戻し、白ワインを注いで強火にかけ、水分がほぼなくなるまで煮詰める。フードプロセッサーに移して、ケイパー、マスタード、バターも加え、なめらかなペースト状にする。味をみて、塩を足す。すぐ食べきれないようなら冷凍する。作りたてがおいしい。

レバーペースト

料理・スタイリング	若林三弥子
撮影	野口健志 (カバー・料理・対談)
	大社優子 (P4〜8、各章扉、P95〜111)
	山下コウ太 (P7)
アートディレクター・デザイン	村沢尚美 (NAOMI DESIGN AGENCY)
レイアウトアシスタント	宮崎恭子 (NAOMI DESIGN AGENCY)
ヘア&メイク (カバー、対談ページ)	武田 誠 (ビュートリアム)
料理アシスタント	永野裕子　縣やよい
協力	レ・パシフィック (ガルニエ・ティエボーのクロス提供)
	タブリエ・ド・ヒロミ　安田弘美 (エプロン・クロス制作)
	WISE・WISE tools (器協賛)
	Studio OVO　山田一夫 (器協賛)

サロネーゼ 若林三弥子の毎日の食卓

2012年11月30日　第1刷発行

著者	若林三弥子
発行人	石渡孝子
発行所	株式会社　集英社
	〒101-8050　東京都千代田区一ツ橋2-5-10
編集部	03-3230-6250
販売部	03-3230-6393
読者係	03-3230-6080
印刷	大日本印刷株式会社
製本	ナショナル製本協同組合

造本には十分注意しておりますが、乱丁・落丁 (本のページ順序の間違いや抜け落ち) の場合はお取り替えいたします。購入された書店名を明記して、小社読者係宛にお送りください。送料は小社負担でお取り替えいたします。ただし、古書店で購入されたものについては、お取り替えできません。本書の一部あるいは全部を無断で複写・複製することは、法律で認められた場合を除き、著作権の侵害となります。また、業者など、読者本人以外による本書のデジタル化は、いかなる場合でも一切認められませんのでご注意ください。

©Miyako Wakabayashi 2012 Printed in Japan
ISBN 978-4-08-333129-9　C2077
定価はカバーに表示してあります。

若林三弥子 (わかばやしみやこ)

1958年大阪市生まれ。同志社大学卒業。結婚後、夫の赴任に伴い、3ヵ国計8年間を海外で過ごす。一男一女の子育てが一段落した47歳の時に自宅で始めた「boa mesa」は生徒数450名以上、キャンセル待ち800名という人気料理サロン。料理やスタイリングに加え、自ら「ラテン系ナニワンヌ」と名乗るその笑顔とトークにも人気が集まっている。著書に『おくちにあえば、うれしいです』『蒸しいため完全マスター』(以上メディアファクトリー)、『シャスール鍋ひとつで野菜たっぷり最愛レシピ』(小学館) 他。